沖縄のオンリーワン企業 ❷

ニッチ・マーケット発見！

伊敷豊 著

ボーダーインク

「オンリーワン」企業とは……

○「前例のないこと」に挑戦する

業界の常識にとらわれず、前例にないチャレンジをする勇気がある。

試行錯誤しながら独自のノウハウを蓄積している。

○「アイデンティティー」をもっている

「何のために存在しているのか」「何をすべきなのか」会社の方向性をしっかり把握しながら常に足下を掘り下げている。他社と比較するのではなくて、他社の存在意義、価値観を認める余裕があるのでまわりの動向に振り回されることもない。

「オンリーワン企業」とは、独自性をもって、革新的な商品やサービスを提供している企業である。沖縄のオンリーワン企業の場合、特に「ニッチ・マーケット」を捉える販売戦略がこれからのポイントといえる。「ニッチ」とは、いわゆる「くぼみ、隙間」である。

９９年に出版した「沖縄のオンリーワン企業」同様に、今回も高度な技術や専門性の強い創造的な企業だけではなく、沖縄の持っている歴史、文化を一つのビジネスとして展開しようとしている数名規模の企業も含めて取り上げている。前例にとらわれないチャレンジ精神は、私たちに感動を与えてくれる。沖縄の小さな企業でも、独自性を活かせば本土でも通用することを本書を読んで実感してもらいたい。

目次

III

《取材企業一覧》

◎株式会社沖縄県物産公社
那覇市旭町一番地　沖縄県南部合同庁舎七階
電話・098(861)0555

◎日本月桃株式会社
那覇市前島二の一五の一二／電話・098(869)1222

◎株式会社お菓子のポルシェ
読谷村大木四五九の七／電話・098(956)3335

◎株式会社沖食ライスサービス（おにぎり処「越後」）
浦添市勢理客四五六番地／電話・098(878)6372

◎株式会社プラザハウス(プラザハウスショッピングセンター)
沖縄市久保田三の一の一二／電話・098(932)4480

◎有限会社バグハウス
宜野湾市嘉数一の一二の一四
電話・098(898)6874

◎有限会社クエント・ポストビジョン
那覇市泉崎一の一三の八　ハーモニー泉崎ビル三階
電話・098(862)6508

◎有限会社シナプス（月刊　琉球舞踊）
豊見城村字高嶺三六六の一／電話・098(856)4770

◎ゆんたくすば御殿山（うどぅんやま）
那覇市首里石嶺町一の一二一の二
電話・098(885)5498

◎有限会社風の村
那覇市宇栄原七二七番地／電話・098(859)8610

《取材期間》
1999年６月～2000年２月

わしたショップ——沖縄県物産公社

【わしたショップ／沖縄県物産公社】

「沖縄物産」の居場所を見つけたマーケティング

問題は売ること

一九九四年、銀座一丁目に沖縄の物産を取扱うパイロットショップ「銀座わしたショップ」がオープンした。

「わしたショップ」を運営する「沖縄県物産公社」は県と民間が出資してできた第三セクターである。行政がらみで話題性が先行していると思いきや、この不景気に関わらず、着実に業績を伸ばしている。「わしたショップ」は、県内三店舗（那覇本店、県庁、那覇空港）、県外六店舗（銀座、大阪二店舗、名古屋、福岡、札幌）、海外一店舗（台湾）、合計十店舗があり、（九九年現在）全国、海外に展開している。

一九九八年度（第七期）の総取扱高は約三五億九千三百万円。対前年比二四・四％増と順調

に業績を伸ばしている。物産展・約十一億四千七百万円（対前年比九・一％増）、パイロットショップ・約十三億五千六百万円（対前年比一七・八％増）、卸販売・約八億千二百万円（対前年比四七・五％増）。三部門中で卸部門が延びており、取扱販売額が物産展、ショップ、卸の割合がほぼ三分一と拮抗している。売上げ高は約二十億五千万円、前期（第六期）に続き黒字決算となっている。沖縄の物産がこれだけ売れたのは近年では初めてだろう。物産公社をスタートしたころは、物産のメーカーは二四〇社で本土への販売額は約三億五千万円だったという。現在、メーカーは八九〇社で、約七百億円規模に膨らんでいる。パイロットショップ、「銀座わしたショップ」を含め「沖縄県物産公社」の成功は、新聞の全国紙が取り上げ本土や県内のマスメディアから報道された。

本土で沖縄の物産を取扱う会社は「沖縄県物産公社」の以前にもあった。にもかかわらず「わしたショップ」以上に注目され成功した会社はない。やはり、民間より第三セクターだから成功したのだ、という人がいるかもしれない。確かに第三セクターという公的な部分も成功の背景の一つの要素としてある。しかし、第三セクターとは思えない、限りなく民間に近い経営スタイルが成功の大きな要因になっている。地方自治体が関与する第三セクターのほとんどがうまく機能していないことを考えれば、「沖縄県物産公社」の成功は奇跡に近いだろう。

なぜ、「沖縄県物産公社」は成功したのだろうか。

沖縄県物産公社・宮城弘岩専務は、こう答えた。

『わしたショップ』展開で成功した理由はたくさんあります。沖縄には『わしたショップ』を展開する以前からたくさんの沖縄の物産がありました。『わしたショップ』をはじめるということで、今まであった商品が全部変わった訳ではありません。それまでと違うのは、『商品』でない。『戦略』です。『戦略』というのは、哲学という意味です」

宮城氏の「商品ではない。戦略です」という言葉が非常に印象的であった。「戦略という哲学」ここに「沖縄県物産公社」が成功した大きなヒントが隠されている。

これまで沖縄の物産を本土に売るということは、希望あるいは夢のレベルで終わっていた。その夢を「沖縄県物産公社」が実現したのである。流通・販路を構築し、沖縄の物産を本土に売ることを可能したのである。

これまで特産品を作り、都市部で商品を売る、村おこし、町おこし、一村一品運動が、なぜ失敗に終わったのか。宮城氏はその原因を次のように指摘する。

「地場産品を全国展開していこうというのは『夢』なのです。ところが非常に難しい。大分県の平松県知事は一村一品運動を展開しました。一村一品運動は『物づくり』なんです。しかし、地域づくり、村おこしということで、物を作れば売れる時代ではありません。作るのはなんとかなります。問題は『売ること、マーケティング』なんです。地域おこしと言いながら、物作りばかりしている。マーケティングをまったくしていない。だから各県はショールーム的機能、ショーケース的な機能のアンテナショップなのです。この概念を打ち壊したのが『わしたショップ』です」

沖縄の物産を取扱い本土で売る会社は、「沖縄県物産公社」の以前にも存在していた。「沖縄県物産公社」設立当時の一九九四年、県内に沖縄の物産を扱う会社は二一社あり、本土には六社あったという。しかし、出来ては消えて、出来ては消えての繰り返しであった。よせては引く波のような状態では当然、本土に沖縄の物産を売るパイプは大きくならない。「沖縄県物産公社」ができる以前は、本土市場への沖縄の物産の販売高は三億数千万円規模と完全な手詰まり状態であった。零細企業の多い県内製造企業が直接本土市場を開拓するには体力が弱く、必要な戦略を持たず市場開拓でも場当たり的でお茶を濁す程度であった。流通の整備・構築を求めたがなかなか活路を見出すことができなかった。このような状態では流通が確立できないのは当たり前である。

「沖縄県物産公社」の宮城氏が言うように、物を作るのはなんとかできる。県内には中小零細企業の製造会社がたくさんある。泡盛メーカーだけでも四七社もあるように、一業種にたくさんのライバル企業ができる。しかし、マーケットは県内市場どまりで本土展開はできなかった。つまり県外へどうやって売るのかという手段・戦略がなかったからだ。

村おこし、島おこしとして、地域を活性化を図ろうとしたときに、すぐに飛びつくのは「特産品作り」である。それだけ物を作るのが簡単であるということである。特産品作りそのものは悪いわけではない。特産品を作ったものの、さて、これをどのように売るのか。そういう段階になるとお手上げ状態になることが一番問題なのだ。物は売らなければ作った意味がない。売るためには売るマーケティング戦略がなければならない。そこが従来の村おこし、町おこしの大きな問題点であった。同じように、沖縄に限定した地域にしか売れていない沖縄の企業が作る物産にも同様なことがいえるのである。

しかし、流通を単純につくったとしても、右から左に流すことはできない。その商品を消費する先を見つけなければ、物は永遠に売れない。物がない時代なら話は別だが、店頭にものを並べても売れる時代ではない。大手メーカーでは、消費者が買いたくなる商品をいかに作るか、マーケティング調査、セールスプロモーションなど、あらゆる手段を講じている。いかに大企業といえども、マーケティング戦略を間違えれば売上げが落ち、悪くすれば倒産の憂き目にあってしまう。「プロダクト・アウト」のような、作る側の論理で物が売れる時代ではない。

全国で一時ブームになった一村一品運動など、村おこし運動の多くが失敗に終わったのは、「いかに売るか」というマーケティングの視点が欠落していたからである。失敗するのが必然であり、成功した数少ない例は、よほど幸運に恵まれていたのだろう。

マーケティングは戦略的思考である。確実に売れる商品を作り、売れる市場を発見し、作り育てるマーケティング能力が必要なのである。

「悪かろうが、高かろうが」の沖縄の物産を売ることは非常に難しい。しかし、「沖縄県物産公社」は、試行錯誤しながら「売る仕組み」を構築することに成功したのである。

潰れないショップ

これまでの沖縄の物産の既成概念を壊したのが「わしたショップ」である。東京の一等地である銀座にオープンさせたのは、単純に話題性があるとか、見栄からではなかった。銀座でのパイロットショップのオープンは、練り上げれた戦略の上にある一つのステップだったのだ。当時、東京の巷で囁かれた話がある。

「銀座に異物が二つ入った。一つは吉本興業の『銀座七丁目劇場』。もう一つは、『わしたショップ』だ」

バブル崩壊後といっても、日本の中心である、東京・銀座である。「銀座の面汚し」「銀座から出ていけ」という投書や電話も実際あったという。沖縄に対するいわれなき偏見・差別意識は今もないとはいえない。目立てばやっかみや妬みは、ゆがんだ形で噴出してくる。それは、どこの世界でもあることである。大阪と沖縄は、百歩ゆずって銀座の優雅さに似合わないかもしれないが、面白いのは、どちらも成功しているという事実だ。時流にうまく乗り銀座活性化に少なからず貢献しているのは皮肉な話である。

地元沖縄では新聞やニュースで見聞きする程度の情報で、沖縄の物産を販売する店が銀座にオープンしたことで、それほど騒ぐものなのかと思っていたが、騒ぐほどのことを「わしたショップ」は起こしたのである。当時「わした現象」という言葉が作られるほどであった。「銀座わしたショップ」のオープン時、店長を勤めていた上地哲営業本部次長は当時を振り返る。

「私たちが銀座に出店して、地域の自治体の方から『わしたショップができたお陰で、人通りができた』と感謝されました。他県の第三セクターのアンテナショップが集まってきたのもそうですけど、有名な高級フランスレストランが近くにできたり、色々な店が『わしたショップ』の回りに次々にできました。

銀座で一番古いタウン誌『フォルトパオール』は銀座タイムスというところが発行しているのですが、そこの編集者の方が『銀座が感謝状をだすなら、わしたショップにださないといけない』とおっしゃっていただくほど評価してもらいました」

銀座の中心地は四〜五丁目。そこには有名なデパートがあり人通りも多い。「わしたショップ」がある銀座一丁目はオフィス街で、以前は人通りは少なかったという。しかし、「わしたショップ」ができて、人の流れができた。人が集まるところを商売人が見逃すはずがない。次々と話題の店もオープンした。一つの店ができたことにより人の流れができる典型的な事例である。「わしたショップに感謝状を」というのも、けして過大評価ではない。

しかし「わした現象」といわれる華やかな面の裏には苦労もある。

「わしたショップ」には商品アイテムが三千もあり、しかも前例のないパイロットショップ。真似るところもないので、運営のソフト部分も独自で構築しなければならない。オープンまでの時間がないため、ＰＯＳレジはぶっつけ本番になった。マスメディアの報道で予想以上のお客さんが来店する。当然レジ機能がパンクし、毎晩棚卸しをしたという。前出の上地氏は、運営と殺到するマスメディアに対応しながら多忙な業務をスタッフと共に黙々とこなした。落ち着くまでは約半年かかったという。

「『わしたショップ』がどういう店かわからないお客さんもいました。コンビニエンス・ストアやスーパー・マーケットと間違えて入店してくるお客さんもいました。それでも店内には色々な沖縄の商品が並んでいるので、『沖縄にはこんなものがあるんだ』と興味をもってくれたりするんです。商品ひとつひとつが沖縄の歴史・文化を語るわけです。商品アイテムが三千種類ありますから圧倒され、店の中では飽きることがない。黒糖なんかも懐かしい味がするし、塩せんべいがあったり、ゴーヤーがあったり、シークヮーサージュースがあったり、『何これ？』の世界ですよね。東南アジアの人にとっては、自分の故郷と同じものがあるんです。青いパパイア、ゴーヤー、ナーベーラー、マンゴジュース。彼らにとって懐かしいわけです」

本土の人に限らず、在日の外国人がお客さんになるのは、他県のアンテナショップではあまり見られない。

「わしたショップ」の家賃は半端な額ではない。当時で銀座の家賃は月七百万円で、現在八百三十万円である。沖縄県物産公社・専務の宮城氏は「わしたショップ」がオープンした半年間は寝れなかったという。なにせ資本金二億七千万円が「わしたショップ」に投入されたからだ。毎月七百万円は固定費として何も売れなくても消えていくのである。家賃だけではない人件費などの固定費に変動費を加えれば毎月の出費は大きい。回りからは話題性はあるが無謀に映ったのも無理はない。「リスクは大きいが成功する」と宮城専務は確信していた。

「平成六年に岩手県で国際見本市があり、当社も要請され参加しました。その時に、岩手県関係者に『いつ、あの店閉めますか』といわれた。向こうは多分一時的な物産展をしているのだろうと思っていたかも知れません。通常、何カ月単位で物産展をしますからね。三カ月単位の物産展だろうと。世の中にそれ以上継続して開催した物産展は事例がありませんから。だから『いつ閉めますか』と聞くわけです。それが当たり前で、新聞をはじめマスコミは全部同じような認識でした。

ところが潰れない。潰れないから、『潰れないアンテナショップ』ということで、まず日本経済新聞が取り上げたのです。日経に続き、サンケイ、朝日の全国紙で取り上げられたのです。取材記事として全部で百五十七回取り上げられました。地方紙でも取り上げられました。

全国ネットのマスメディアに取り上げられ、潰れるどころか売上げも段々伸びてきた。それと平行するように他県も当社をすぐ真似てきました。『わしたショップ』オープンした同じ年の七月に岩手県、九月五日に熊本県が『わしたショップ』から歩いて五分の距離に出店してきたのです。同年の十一月に福島県、年明けて山形県、五月に鹿児島県が出店してきました。『わしたショップ』を銀座に出店して二年半の間に、歩いて一〇分の距離に三〇の県がアンテナショップを作りました。あの頃は八重州北口に各県ともアンテナショップをもっていました。

そして平成七年の七月に東京都・後楽園で行なわれた物産展で当社がクローズアップされ、話題の中心になったのです。それからですよ。ほかの行政も首をひねったのは」

バブル崩壊で個人消費が落ち込み、都内のデパートでも閑古鳥が鳴くほどの不景気な時期に「わしたショップ」に多くの人が訪れて賑わっている。「わした」に触発されるように各県のアンテナショップが次々に「わした」を取り巻くように銀座にオープンした。「わしたショップ」オープンから一年半で、約十一億円のパブリシティー効果があったという。

銀座わしたショップ

「一年間で、同じ銀座に十県くらいがアンテナショップをつくった。ほんとに歩いて十分くらいの距離です。僕らは、作れ作れと応援しました。他県のショップが出店すると当社の店舗の売上げが伸びるという法則があるんです。仮に熊本が出店します。県を挙げてやりますから、ニュースになります。ニュースを出すには当然『わしたショップ』のことを取り上げないとニュースになりません。ストーリーは先べんを切っている当社からスタートしますから、私たちの宣伝にもなるわけですよ。それで他府県が出店すると『わしたショップ』の売上げが伸びる。今でも依然として二六％の伸びを維持しています」

パイロットショップという拠点を全国各地に展開して、物産のマーケティングを図るという新しい手法は、県物産を売っている地方自治体に大きなインパクトを与えた。先行してやることで、「沖縄県物産公社」は注目を集め、売上げも順調に伸ばしてきているが、安閑としてられない。「沖縄県物産公社」のノウハウをつかもうと各県も必死になっている。どれが売れるのか。どうしたら売れるのか研究している。

追いかけてくる各県

宮城氏は言う。

「追いかけてきますよ。一番追いかけて来ているのは岩手県。岩手県、秋田県、青森県、彼らは一県ではできないので、ひと塊できます。次に宮崎県、鹿児島県、熊本県がワンセットで追いかけてきている。ものすごく当社を研究しています。モノは、真似られます。しかし、その背景にある哲学・理念は真似切れない」

首都圏の展開で先をいっているのは岩手県という。

「岩手の物産を販売する『岩手県産』は設立して三九年。当社がスタートした時にすでに創業三三年でした。売上げが五七億あり、従業員が七〇人いました。岩手県は大手流通・大丸と組んでいます。岩手県は圧倒的に卸が強い。岩谷堂タンスとわかめを全国展開して五九億円くらい売上げている。岩手県は全国から注目されて勉強されています。二番目に成功しているのが長崎県です。九四年当時三三年の歴史があって、従業員十九人で、売上げが三三億前後でした。長崎県は物産展商法です。私たちは長崎県と情報交換しています。これが全国で成功している第三セクターの企業です。当社は順番でいくと三番目くらいの位置にいます。ここ一、二年でトップになるだろうと予測しています。

物産展で非常に優秀なのは北海道と京都です。歴史もあるし、彼らには脱帽しています。当社から一カ月遅れでてきたのが、高知県です。売上げが六億円、今年は九億近くあります。岩手・青森・秋田県は、『わしたショップ』の目の前に二百坪の店舗を出店してきました。今度は鹿児島・熊本県がやってきます。他府県は一県でやれないので連合で来るわけです。我が社にとってありがたい。この地域は、ローカルブランドがありますよ、ということで相乗効果が生まれます」

他府県は一県でやれないから、「沖縄県物産公社」に対抗するように、三県合同で展開を図る。「沖縄県物産公社」が一県でやれるのは、マーケティング・ノウハウと同時に、沖縄の物産が大きな特徴になっているからだ。沖縄の物産が強いのは、他都道府県とは「違う」ということである。文化そのものが違う。

例えば日本の正月の食といえば、お節料理である。お雑煮は各県にあり、地方地方の雑煮がある。しかし、沖縄は、もともとお雑煮はないし、お節料理もない。沖縄の正月は「クヮッチー」である。日本の各地にある雑煮の中身は違うが、雑煮は雑煮である。沖縄では、雑煮自体がない。決定的に違うのが沖縄なのである。文化の違いが、物産に大きな違いを出しているのである。

お節料理とクヮッチーの違いはどこにあるのか。どちらも、それぞれの正月料理として変わりはないのだが、本土側から見れば、沖縄の正月クヮッチーは、特異な正月料理なのである。

これと同じように、本土の各県は、特産品やオリジナルの物産を開発するとき、他県と違いを出そうとしても出しにくい。もちろん各地域で違う部分もあるが、ある意味で一括りにできる。つまり、本土各県の物産は日常性が強く、特に優れたものでなければ、特産品として確立できない。逆に、沖縄の日常の商品は、本土からみれば、すべて非日常であり、特産品となる。

沖縄の物産の特徴は、一アイテムで多くの商品を揃えることができる。泡盛はメーカーだけでも四七社あり、各メーカーは一社で数ブランドもっている。他県だと、まずそういことが出来ない。一つの県で二〇坪を物産で埋めるのがせいぜいだという。だから、本土の各県は合同で出店することになるわけである。沖縄は文化の違いにより、特産品を揃えることができた。

「ほかの県と違うのは、思想・哲学の違い。最終的には商品力の違い。

重要な物は目に見えるものではありません。目に見えないものです。システム、経営というのは目に見えない。目に見えないもののウエイトがものすごく大きい。情報も目に見えない。目に見えるものをいかに真似ても追いつかないわけです」

県外では「沖縄県物産公社」のノウハウを盗もうと必死だと、宮城氏は他県の動きのすごさを指摘する。本土各県もだまって見過ごしていない。ゴーヤーに見られるように、沖縄が作ったマーケットに便乗し、九州各県も産地を形成している。沖縄の物産を泳がして、その旨味を得ようとする戦略である。ゴーヤーも沖縄県内での生産量が、供給に追いつかない状況であるから、このようなことが起きるのである。

現在進行形のパイロットショップ

一店舗を作るのには約一億円はかかる。ましてや東京の銀座である。ニュース性は高いが、ショップを維持・運営していくのは難しい。誰の眼にもそのように映る。ただ、その見方は正しくない。表面だけしか見ていない。確かに「わしたショップ」だけをみれば、売上げを維持し運営していくのは難しい。しかし「わしたショップ」を運営している「沖縄県物産公社」は、「わしたショップ」をパイロットショップと位置づけている。

宮城氏の発言を気をつけてみると、他県の店舗をアンテナショップとし、「わしたショップ」

をパイロットショップと区別している。

「わしたショップ」を明確にパイロットショップと定義する裏に、「沖縄県物産公社」の大きな戦略がある。「わしたショップ」はマスメディアにも多く取り上げられたが、「沖縄県物産公社」の本質は「沖縄商社」である。同公社が運営している「物産展」と「わしたショップ」は、あくまで卸業務を円滑に行なうための重要な機能の一部であり、「沖縄県物産公社」のすべてではない。

「皆さん、当社の『わしたショップ』をアンテナショップという概念の捉え方をしています。しかし『わしたショップ』はアンテナショップでなく、パイロットショップです。沖縄の企業でも、アンテナショップとパイロットショップをこんがらがって使われています」

本土のデパートなどで行なう物産展は、売上げを作ることはできるが、一過性で期間も限られている。経費など考えれば利幅もあまりとれない。蓋を開けてみなければわからない水物である。データをとろうとしても限界があり、マーケティング展開を図ろうとしても壁にぶつかってしまう。そこで、パイロットショップという拠点をつくり、マーケティング展開を円滑に図ろうというわけである。宮城氏はパイロットショップを次のように定義付けている。

《パイロットショップ》

◎実際の購買行動による結果をＰＯＳシステム等を活用し、データを集め分析する。

分析と同時に、売れ筋の発見、販路の開拓に役立つ技術の購入、商品の開発づくりを実現していく。従って、生産・販売の促進、原材料等の手当に即時に反映させていく。
◎オブザーベーション視察。空から見る感覚でテレビ的、視覚的、即時的なものである。眼の役割が重要。
◎売るだけが目的ではなく、まず売ることによって情報集めとその活かし方にウエイトがあり、狙いは商談につなぎロット注文をとること。
第二に明日の商品開発、技術導入、原料仕入に応用していく。
第三に広報、ＰＲ、イメージの形成、展示紹介。
◎製造業の人間が直接消費者に接する必要はない。今売れているのが何であるかを知り応用していくもので、製造業の企画、販促、マーケティング部の担当者がパイロットショップの担当者として適任。

（「わしたショップ」拠点方式による県産品のマーケティング／公庫レポート）

23　沖縄県物産公社

アンテナショップは、企業の商品をハイセンスに展示紹介し、商品イメージアップを図るものである。プロモーションとして食品であれば試飲、試食など実施し、試供品を提供し消費者実体や購買意識をつかむ。直接売りにつなげるのではなく、商品・企業イメージアップを図る演出や商品のＰＲ（パブリック・リレーション）の機能を強く持ったショップである。一般の小売店舗と違い、販売が主目的ではない。その部分ではパイロットショップと機能的には重なる部分もある。しかし、アンテナショップでは、アンケートなどで集めた情報や分析した資料は、三〜五年後の次世代の商品を開発するために使うものである。消費者の将来像をつかみ、長期的視野にたった情報収集の場、店舗ということである。ショールーム的な機能をもったショップである。

アンテナショップを、より日常の営業活動機能を持たせたのが、パイロットショップである。日常の販売に結びつけるために、リアルタイムにデータを収集分析し、商品開発や営業戦略にフィードバックするのである。商品イメージの構築というより、市場開拓という明確な命題があり、より実践的機能をもっている。

パイロットショップは「現在進行形」で、アンテナショップは「未来形」である。

「わしたショップ」の役割は明確である。傍目からは「わしたショップ」だけがクローズアップされるので、店舗展開が中心にあるように錯覚してしまう。「沖縄県物産公社」内部の動きが見えないから、そう見えてしまうのもしかたがない。

宮城氏は「『わしたショップ』は小さな面の展開に過ぎない」と述べている。

物事には何らかの取っ掛かりがないと始まらない。足場がないのに、向こう岸に渡れといっても、土台無理な話である。足場、拠点があれば、向こう岸に渡れるし、そこから様々に展開が可能になる。つまり「わしたショップ」は　物を売る拠点であり、市場をみつけ、流通のパイプを構築するために存在しているのである。スーパーマーケットのような純粋な小売店舗ではない。普通の小売店舗は市場のあるところに出店し、一般消費者のニーズをつかみ、いかに効率よく売上げに結びつけるかに重点が置かれる。ある意味で簡単だが競争が激しく体力勝負である。一店舗で採算に合わなければ、閉店、撤退もありえる。

パイロットショップは、市場を見つけるために展開するので、採算性、効率性は、優先順位からいえば低い。もちろんパイロットショップ単独で採算があえば、それにこしたことはない。「沖縄県物産公社」は第三セクターでありながら、限りなく民間に近い企業である。パイロットショップでも赤字がでないようにしなければならない。

上地営業本部次長は他県のアンテナショップと「わしたショップ」の意識の違いについて苦笑しながら話してくれた。

「店舗のランニングコストを自前でまかなおうとすること自体、他県の方は驚いていました。さらに、私たちが県の職員でなく、プロパーの社員であることにも。『銀座わしたショップ』には当初から行政からの派遣社員はいなかった。他県のアンテナショップからみれば、私達で運営していることに驚きだったようです。私も公務員に見られました」

他県のアンテナショップの社員は、第三セクターにありがちな自治体から職員を派遣している。だから社員ではなくて職員という意識が強い。運営自体も行政の支援を前提としているので、採算性は無視されてしまう。独立採算して運営しようという意識が経営者側にないので、硬直した発想しか出てこない。

「ある県の方が『どうしたら売れるのですか?』と質問するのです。『失礼ですが、おたくの営業時間は何時から何時までですか?』と聞き返したわけです。『九時から五時までです』『休みは?』『土日です』。最後に『どなたに売るんですか?』と聞いたんです。銀座の真中で営業しながら、土日休みで、五時で閉まるのはおかしいですよ。平日、日中に来店できる人にしか売らないという姿勢ですよね。働いている人は買うなと同じです。小売業であるならば可能な限り、夜でもお客さんが買いやすい条件を整えるべきじゃないですか。『わしたショップは土日はない。夜は七時まで営業しています』と話したら、その県のアンテナショップは、さっそく営業時間を変えました」

上地氏も民間の出身である。お客さんあっての店である。最大限お客さんに喜んでもらわないといけない。満足と引き換えにお金をいただくのである。それを日々改善、努力するのが商売である。自治体から派遣され二、三年でローテーションする公務員に、そういう意識を持てというほうがおかしい。

点と面と線

「沖縄県物産公社」は「沖縄商社」である。

「わしたショップ」はパイロットショップ機能の持った小さな面の展開であり、「沖縄県物産公社」の本体は、卸・営業である。小売と卸では、商品の取扱量も違う。当然、売上げ規模も違ってくる。言い換えれば、卸という本体が機能しているから「わしたショップ」が存在している。卸のスキルアップのためにパイロットショップはあるのだ。

「卸、物産展、ショップの売上げの割合は全部三分の一。現在は卸が伸びています。『わしたショップ』の店舗展開はリスクが大き過ぎます。家賃など固定コストが非常に高い。人間をたくさん雇わないといけません。一店舗オープンするのに一億円くらいかかります。当社は店舗展開が狙いではありません。あと一店舗くらいオープンして終わりです。パイロットショップである『わしたショップ』もある段階では閉めます。卸だけ残します。

展開の戦略として、一番先行させるのは『物産展』です。次に物産展で市場を探り『わしたショップ』をオープンします。最後に『わしたショップ』を閉めて、卸を残します。店舗は新たな市場に移動していきます。店舗を固定するわけではありません。『わしたショップ』で購入する固定客がいても、そうせざるおえません。店舗の寿命はきまっています。だいたい五年。この寿命に反して維持するのは愚かです。さっさと店をたたんで次の居場所を求めて、ハイポテンシャルのあるところに移動します。そのハイポテンシャルをどう見つけるのかというと、『物産展』です。

最終的に卸だけを残します。卸は人件費以外ほとんどコストの必要がありません。

店舗は固定費がものすごくかかります。固定資産の九九％は店舗の敷金。店舗は内装もやらないといけない。店舗の売上げを卸の売上げにシフトさせないといけない。その店舗の寿命を短くする。店舗だけ見たら誤解するかもしれません。しかしパイロットショップとはそういう概念の店舗です」

普通の人からみれば、店舗を閉じて、他の拠点に移動させるなんて、と思われるかもしれない。普通の小売店舗が店舗を閉じる場合は、原因のほとんどは売上げ不振である。もともと市場があるところに出店するのだから、消費者のニーズに応えられなかったといっていい。特色を出すことができず競争に負けたのである。沖縄山形屋が閉店したがその典型的な事例である。

一般の人からみれば、仮に「わしたショップ」が店舗をたたんでしまったら、売上げ不振で「沖縄県物産公社」もおかしくなったと受けとめるだろう。しかし、「沖縄県物産公社」は店舗展開が目的ではない。市場の状況をつかむためのパイロットショップである。本体の卸・営業を効率的に機能させるための水先案内人なのだ。

パイロットショップは、市場開拓のために次々に拠点を移す。でなければパイロットショップという意味がない。いつまでもパイロットショップが同じところにあるのは、市場を開拓できていないことの裏返しになる。パイロットショップがどこかに移動したときに、その地域にはきっちと販売ルートが確立され、沖縄の物産が流通している証になる。

「点」である物産展でその市場の可能性をさぐる。

「面」の展開であるショップで、より具体的な情報を収集し、商品にフィードバック、テストマーケティングし営業につなげる。

「線」が仕上げである。卸のルートを確立し、そのパイプをより太くするのである。到達点は卸ルートの確立である。

「岩手県は卸で展開している。長崎県は物産展で展開している。当社は物産展、卸、店舗の三つで、うまくやっている。三つのうち一つを欠けてもまずい。点と面と線の展開が必要なのです。『点』と言うのが物産展。年に一週間くらいしかしない。『面』の展開というのが、ショップ展開です。最終的にやらないといけないのは『線』の展開であるルート・卸です。この三つをワンセットしたものが『沖縄県物産公社』です。『わしたショップ』展開だけみると、どうしても赤字。でも卸で伸びる。物産展は水物。売れすぎ、売れなさ過ぎがどうしてもある。そのショックアブソーバーになっているのは店舗です。こうした蓄積のなかで、お互いを補完しあっている」

「物産展」「わしたショップ」「営業」の三つが一体になり、それぞれ補完しあいながら、市場に浸透を図るのである。それが、「沖縄県物産公社」の売上げが、すさまじい勢いで伸びている要因でもある。

「営業と店舗の関係でいうと、営業からすればパイロットショップはショールームです。物産展にすれば店は倉庫です。物産展で商品が足りなければショップからもって来て、余れば店に引き取ってもらう。営業にとっては『わしたショップ』は商談場です。だから『わしたショップ』で商談会があります。卸業者はショップで買い物はしません。ものを見ながら商談をしている。現物を見ながら商談するのが一番です。卸・営業のお客さんはロットが大きいスーパーであったり、食品メーカーなどの企業です。ショップのお客さんは消費者であり地域の人々。物産展のお客さんは地域のローカルの人々です」

卸、店舗、物産展がそれぞれがお互いを活用することにより、相乗効果を生み、お互いを必要な存在と位置付けることができる。

店舗も単純に商品を販売し、売上げを作るだけが仕事ではない。卸につなげないといけないと上地営業本部次長は力説する。

「『わしたショップ』は、基本的にメーカー希望小売価格を崩しません。希望小売価格を崩さないことを大変意識しています。我々が希望小売価格で販売することにより、メーカーは卸につながります。『小売価格はこれだけです』『じゃ、卸しは何掛けですか』と。これで流通していくわけです。我々が値下げして安く販売したら、掛率は高くなり、利益率は低くなりますから卸ができにくくなるわけです。

例えば千円の商品があった場合、メーカーさんが卸し価格を五百円ときめたとします。メーカーさんは問屋さんに五百円で卸せるわけです。すると問屋さんは六百円で流通に流せます。全国のスーパーマーケットにいっても、メーカー希望小売価格の千円で販売されるわけです。

我々が、最初から六百円で販売していたら、五百円で卸しますといってもどこも買いません。『わしたショップ』がメーカー希望小売価格にこだわるのは、次のステップの卸し、流通に乗せる商品にできるかということがあるからなのです」

スーパーマーケットのように、特売品を設けて、特価でどんどん販売すればショップももっと売上げを伸ばすことが可能だろう。しかし、それは近視的な考え方だ。小さな商売の見方である。単純に販売するだけではなくて、卸まで考えた展開でなくてはいけない。卸につなげなければ、「わしたショップ」の目的は達成したことにはならないのだ。小さな面の展開から線にステップアップするために、希望小売価格を崩さない価格戦略は重要なポイントである。末端の小売価格が必ずメーカー希望小売価格になるとは限らないが、価格維持は流通に乗せる大きな足がかりになる。問屋にとっては利幅のある商品が魅力がある。A商品よりB商品の方が利幅があれば、B商品を何とか流通に乗っけようと努力する。そういう商売の勘所を知り、おさえないといけない。上代、下代の設定の仕方で、物が大きく動く可能性があるのだ。次のステージを考えながら、店舗をどのように使っていくのか、大きなスパンで見る能力がなければいけない。「沖縄県物産公社」の価格戦略は、物産の販路開拓に沿ったものである。

最高の恥をかく勇気

それまで年何回か開く物産展では、顧客をフォーロー出来ないし、マーケットの情報をリアルタイムに収集分析できない。そこで、一九九四年「わしたショップ」がオープンし、マーケットの情報が収集出来るようになった。「わしたショップ」を拠点にすることにより、営業活動がより効率的、スピーディーになったのは間違いない。

十数年前まで、沖縄の商品は、東南アジアと同レベルのイメージが定着しており「品質が劣る」印象があった。ある物産会社は、沖縄産ということを隠し、沖縄のイメージを極力押さえて売り込んでいた。粗悪なイメージがあった県産品。そういう状態で、沖縄の物産を売り込むためには、困難が待ち受けているのは当然であった。

ただ、沖縄産だから売れない、相手にされないということではない。例えば「モズク」「ラン」など一部の県産品は、すでに本土市場でも認知されていた。売る市場さえ見つければ、県産品も売れるのである。

では、なぜ沖縄の物産が売れなかったのか。市場を見つける努力をしなかったからだ。

以前、泡盛の本土販路開拓で地元新聞の論壇に投書したことがある。不思議でしょうがなかったのが、「本土進出が夢」といいながら、進出の動きが本土各地で開かれる沖縄物産展くらいのお茶を濁した程度しかないことだ。しかもその物産展のフォローさえもできていなかった。

そこで、私は地域を限定しながらテストマーケティングをしてみてはどうかと当時提言した。マーケティングは、戦略を持つと同時に、一歩前に踏み出す勇気が必要なのである。

一九八六年、第十回「沖縄の産業まつり」のテーマは「沖縄発—本土行き」で、マスメディアでも話題になり、記憶している方も多いだろう。しかし、「時期尚早」という理由をつけ、そのテーマに反対する業界も出た。本土に販路を作るのが命題であるはずの業界が、自らの命題に異を唱えるのは、売る気はないという意志の現れといっていい。産業まつりが、売上げを作るためのイベントであり、「何もわざわざ難儀することをしなくても」ということだったのだろう。当時の沖縄の経営者の意識はレベルの低いものであったと思われても仕方ない。目立つことを嫌がる。また、目立っていると足を引っ張りだす。沖縄の企業の悪い体質である。すぐ「楽」をしたがるのだ。

前著「沖縄のオンリーワン企業」で、ヘリオス酒造を取材したが、その時も沖縄の企業体質を考えさせられた。

ヘリオス酒造は、市場の情報収集し、プロモーション展開しやすくするために、問屋を介さないで直接販売している。直販するためには人も金もかかるが、直接、小売店、業務店に働きかけることができる。大変だが、それがヘリオス酒造の強みになっている。

問屋を通せば、人も金もかけないで済むし、問屋から納品、集金すれば仕事が済む。楽に商売ができる。直接、小売店や業務店から苦情を言われることはないが、大切な市場の情報がはいってこない。巨大な本土市場ではないのだ。県内の小さな市場では、直販は可能なのである。こうした「苦労」をしないで「楽」をしたがる体質が、泡盛業界を含めて沖縄の企業には多い。

本土市場に本格的に進出できないのには、こうした背景がある。誰かが買ってくれるのを待っていては売れない。やはり、売りに行かなければ市場の厳しさを味合うことはない。

本土の流通は外国から、独特の商習慣を指摘されている。沖縄から、その商習慣に「恥」を覚悟で飛び込まなくてはいけないのだ。沖縄の言葉でいうと「恥ちらー」の精神が必要なのだ。

「沖縄県物産公社」の最大の業績は、本土市場に粘り強く売り込んだことにある。

「最初は門前払いですよ。それに耐えていけるのか。例えば『銀座三越前の道端で売ってくれ』と言われるわけです。勇気がないといけません。理屈じゃない。その中から学ぶんです。プライドなんてもっていられない。恥をかくとしたら、最高の恥をかくことです。最高の恥をかかないと最高のコンセプトは作れない。だから変なプライドをもっていたら絶対駄目です。

沖縄を隠して売っていた時代があった。十年ほど前です。だから失敗する。せきららにならなくちゃ。だめなものをだめだと帰ってきてはだめです。これを逆転させないといけません。私達は三回くらい逆転してきた。マイナス要因というのは、（ ）カッコでくると全てプラスになる。外したら全部マイナスになる。定義の勝負ですよ。たどり着いたのが、今日の私たちです。誰も真似できません。勇気が必要なんです」

沖縄の企業が持っている「楽」をしたがる体質、あるいは一歩前に踏み出す勇気のない体質に根本から挑戦し、覆したのが「沖縄県物産公社」と言えるだろう。それが結果として本土の流通に扉を開けたのである。

本土で暮らした人なら、よくわかると思うが、本土の人は、総じてまじめである。まじめというと語弊があるかもしれないが、何をするにしても徹底的に成し遂げてしまう。戦後、日本が奇跡的な復興を遂げたのは、「徹底」する国民性があったからではないだろうか。本土の人は「徹底」して成してしまう。だから、本土では照れがあってはいけない。「恥ちらー」と思っていては商売はできない。恥を忘れて「徹底」してやることで、何かをやり遂げることができるのである。「沖縄県物産公社」が市場を作り上げることに成功したのも、恥を捨て徹底して行なったからだ。

生馬の目を抜く東京、本土市場。当然のようにうまい話が転がっている。だまされるのは日常である。もちろん「沖縄県物産公社」でも、日常の取り引きのなかで、どうしても悪い業者に引っかかる場合がでてくる。しかし、火傷に躊躇していては、ビジネスの拡大はありえない。

「沖縄の人は、いい話だとすぐ向いてしまう。本土は手形取り引きだからよく怪我します。当社も何度も失敗しました。紙切れ同然の手形は当たり前なんです。これを乗り越えられるかどうかなんです。年間三、四百万円はざらでした、だまされるのは。商談の中で見抜いてしまう。その話はおかしいよと。目の前でやられたのは何度もあります。三〇分差でバッタ屋に流されたものもあります。相手は買った覚えはありませんと知らぬ存ぜぬ、でね。ここを乗り越えないと、企業は伸びません」

取引で騙されたら、誰でも不信感が沸いてくるだろう。ましてや、沖縄の人の中で、特に三、四十以上の人は、本土の人から差別された歴史的記憶があり、本土に対して何らかの劣等感をもっている。全ての人がそうではないが、本土の人が何か言うと、卑屈にそれに従ってしまう人が多い。劣等感があると同時に、差別されたという意識がどこかにある。そのために、これまで本土市場に果敢に挑戦するということができなかった。

また取引しても、商品を突っ返されたり、罵倒されることもあるだろう。しかしそれらは、実際経験しなければ得られないノウハウである。そういう目に見えないノウハウの蓄積が、「沖縄県物産公社」の大きな財産になっている。

宜野湾市に本社を構える「レイメイコンピュータ」は、独自のパソコンPOSで本土市場に進出し売上げを伸ばしている。もちろん高い技術力があったことは確かだが、同社の比嘉徹社長が続けようと決心したのは、技術力より、サポートノウハウであった。何か問題が起きたときに、どう対処するのかというノウハウは短期間で得るのは不可能である。やはり経験しなければ、蓄積できないものである。まだ、海のものとも山のものともつかぬパソコンPOSを開発した当初、故障で止まるとお客さんから、時間を問わず電話がかってくる。寝る時間などお構いなし。比嘉社長は幻聴に襲われたという。クレームを処理している内に、バックアップ態勢のノウハウができる。もちろん、故障が出ないように、技術的に高めバージョンアップしていく。

同じように、売る戦略と同時に蓄積された見えないノウハウが、市場開拓に大きな役割をなしている。

最近は、沖縄ブーム、長寿県イメージ、県出身アーチストの音楽業界への進出で、本土から沖縄が本土から注目され、沖縄は「あこがれ」の地になった。今は昔の感がするが、時代は面白いものである。沖縄がブランド化した今、若い世代ほど、郷土に誇りを持っているし、劣等感を持っている人はすくない。堂々と「沖縄出身」であることを言えるようになった。こういう若い世代なら「徹底」することと「勇気」を持つのは、さほど難しいことではないだろう。郷土に誇りをもち、且つ、夢を持ち果敢チャレンジする、したたかな若い起業家が出てくることに期待したい。

買う相手は必ずいる

「物だけ作ってはいけないんです。展開の仕方を常に磨き上げて、人に教え込んでいかないと。初期の発想・アイディアが三割くらい。もの作りが二割。マーケティング展開が五割。物づくりの二・五倍くらいエネルギーを投入しないと物は売れない。このノウハウに、皆、気がつかない。沖縄のものは売りにくいものですから、物を作ったらすぐ売れるということはありえない。

物産振興協会というのがあって、復帰と同時に十七年間、産業まつりと同時に、求評会をやっています。私も三回タッチしました。彼らのやり方は、北海道から沖縄まで全国のデパートのバイヤーを呼んで、シンポジウム形式で県産品に対して求評会を毎年開くんです。十七回やって全部同じ結論です。何かと言うと『パッケージ・デザインが悪い。値段が高い。沖縄の人は商売ができない』十七年間同じですよ。これは決まった項目のようなもので、何回も言われたら、人間そうだなって信じるものです。デザイン・パッケージが悪いんだ、だから売れないと。日本の商品は芸術的な商品です。沖縄の商品は同じテーブルに乗せられない。確かに間違っていない。この固定概念が定着して、沖縄の物産はなかなか抜けない。

しかし現在、沖縄の商品で、『デザインが悪い、パッケージが悪い、機能が悪い』など、この辺のことを言う人はもういないと思う。逆に言うと今でも『沖縄の商品はパッケージをよくさえすれば売れますか』ということですよ。売れません。売れ始めて、パッケージデザインがよくなるんです。売れるようになると、商品はレベルアップしてくる。そうなると、沖縄の市場をターゲットにして物産を作るという意識ではなくて、自然と、銀座に基準を置くようになります。『銀座で売れるかな』と。

物が売れるという決定的な要素を作る必要がある。リードしてく必要がある。売れる仕組みを作って、はじめてもろもろなことが発揮されるわけです。

物産というのは、それほど難しい技術ではない。その気になれば誰でも作れるのです。例えば、黒砂糖は誰でも作る。圧倒的な技術はない。コンピュータのような技術力の勝負ではない。何が勝負になってくるかというと、好みと味、感性になってくる。だから売れるようになれば、商品力は自然にレベルアップします。

いま怒濤のごとく本土に商品が流れています。当社でも毎日一千万売れている。こういう流れをどう作るのか。売り方の仕組みが違うからこそ、売上げが違うわけです」

これまで、本土市場で売れなかった沖縄の物産。正確には、売れなかったというより、「売らなかった」というのが正しいのだろう。売らなかったから、売れないのは当然である。

それは、なぜかというと、先に書いたように、沖縄の経営者が楽に商売をするという体質があることが上げられよう。本気で売らないから、当然、相手にされない。宮城氏は、売るには、物をつくる二・五倍のエネルギーが必要だという。そういう売る努力をしなければ、本土市場は開拓できない。また売れる仕組みを作るにしても、実際どのようなものなのか。方法論・戦略がなければならない。

「沖縄県物産公社」の戦略は、最初からマス・マーケットを相手にしていなかった。狙ったのは「個」のマーケットである。「沖縄県物産公社」が最初から、一般消費者をターゲットにしていたのならば、恐らく売れなかっただろう。沖縄の物産の商品特徴を把握していたから「個」

のマーケットを狙ったのだ。どう売っていけばいいのか考え、戦略を立てなければ売れない。

健康ブームであるが、薬草とか健康食品は、一般のスーパーマーケットであまり見かけない。しかし、健康食品は売れている。実際に売上げを伸ばしている。販売会社は、ホームページを開設し、通信販売で販売したり、独自の販売ルートを作っている。だから、一般の目に触れる機会はそんなにない。物産展や健康食品フェアくらいだ。マーケットが一般の消費者に触れないだけである。

つまり薬草・健康食品はニッチ商品である。（ニッチ・花や彫刻を置く壁のくぼみの意味）そして同じように、沖縄の物産もまた「ニッチ商品」「隙間商品」なのだ。

「沖縄県物産公社」は、まず県産品をそのように定義付けた。そうすれば、あとは自然と売るターゲットが決まってくる。ニッチ商品を求めるマーケットは、マス・マーケットの一般消費者ではない。仮に、広告やセールスプロモーションをマス・マーケットに仕掛けたとしても、マーケットは何も反応しない。砂地に水をまくようなものだ。無駄と言うことになる。隙間商品は、直接、そのニッチ市場に向けて売らなければ売れないのだ。しかし、その市場を見つけるのが大変だと宮城氏はいう。

「欠点だらけの沖縄の商品、大多数は見向きもしないわけです。しかし、どこかに穴場があります。かならず買ってくれるニッチ・マーケットがある。これを探す作業が非常に疲れるわけです。どんな商品でも売れますよ。売れる相手を探さないから売れないのです。どこかに買う人はいます。この商品を買ってくれるお客さんを探すのが、大きな仕事なのです。沖縄の物産はマス・マーケティングではないわけです。個のマーケティング。今で言えばデータベースのマーケティングになる。今は『わしたショップ』があるから、テスト・マーケティングが簡単にできます。その点で沖縄の産業は非常に助かっていると思います。マーケティングができたおかげで失敗が最小限で終わる。キャンペーンしながら、デザイン、値段をどうするか設定できる。消費者が教えてくれる。この商品を売りたいと言うでしょ。全部データを拾える。テストして、手をくわえて売れ筋にできる。他の県はこれがない。テストできるというのが非常に大きなメリットになります。何が売れているのか。今日何が売れているのか全国的にわかるわけです」

ニッチ商品はニッチ市場では確実に売れる。「沖縄県物産公社」の売れる仕組みの重要なポイントは、ニッチ市場をいかに発見するのかということである。市場を見つければ、後は、その市場に合う商品を見つけ供給すればよい。どんな商品でも、それを欲しがっている人はいる。欲しがる人を見つけるのが大変な時間と労力が必要となる。今まで、それをしなかっただけである。本土は、沖縄の百倍の市場がある。プリミティブなものでも、ちゃんとマーケットがある。

その仕組みを発見し、具体的に戦略として組み立て実行したのが「沖縄県物産公社」なのである。そういう独自のノウハウがあるから、短期間に、ここまで売上げを伸ばしてきたのである。

売れることが最大の商品情報

また、「わしたショップ」の店頭情報もメーカーの大きな戦略のツールになると、上地哲次長は経験を踏まえ力説する。

「この商品がいくつ売れる。この商品は何日間売れない。この情報ほど正確な商品情報はない。売れるものは商品力があるわけです。売れないものは商品力がないということになります。売れない。なぜか。パッケージが悪いのか。中身が悪いのか。あるいは規格、量とか大きさが悪いのか。それでメーカーさんにこうして欲しいと相談するわけです。メーカーさんも改善してまた店頭に並べ販売してみる。

『売れる』ことがメーカーさんへの最大の情報なのです。毎月何が何個売れたのか情報をメーカーさんに提供するわけです。その方が、メーカーさんが戦略を決めやすくなるはずです。

『東京はこういうものが売れるんだ』『売れないんだ』『じゃ商品を変えよう』となるわけです。

『わしたショップ』は、そのための店なのです。

『わしたショップ』がスタートして三年から五年で、販売量が桁違いに伸びている企業があります。スタート時点で十万、二十万円の売上げだったところが、現在では三百、五百万円売上げるようになった。我々だけではなく、メーカーさんの努力が一番大きいのです。

例えば、健康茶がありますよね。沖縄の健康茶はだいたい一キロ入りなんです。東京の人が買うには勇気がいるわけです。カビをさせてしまう。我々は、そういう状況を見て、メーカーさんに、一キロ入りの健康茶の量を半分にしてくれと提案するわけです。コストがかかった分、高めに売ってもかまわないからと。メーカーさんも我々の提案を聞いてくれて、快く量を半分にしてくれるところもあります。しかし、コストは変わらないわけです。袋に詰めて封印する製造コストは、そんなに変わらない。量が違うだけです。ティビチ、泡盛、塩せんべいもそうです。しかし、量を減らし小さくしても、同じ製造コストがかかる。手間暇がかかるわけです。『同じコストがかかっても、小さいものは同じ価格で売れない』と、我々の提案を断るメーカーさんもあります。

当時は、コンビニエンス・ストアが全国的に広がったが、沖縄にはコンビニエンス・ストアは少なかった。コンビニエンス・ストアの商品は単位が一人前。どんな商品でも一人前です。社会のニーズがそういうふうになってきている。お客さんが求めているのは一人前なんです。大きいものより小さいものが売れ筋になった。消費者ニーズに対応した企業の商品はちゃんと売れて、売上げも伸ばしています」

「沖縄県物産公社」を通して、本土へ販売量を増やしている企業は、やはり「わしたショップ」の商品情報、消費者情報を的確につかみ、自社商品にフィードバックしているのだ。市場の動向を素直に受け入れたところが伸びる。「わしたショップ」を、より有効活用しているともいえる。逆に、伸びない企業は、消費者情報の重要性を見抜けず、売上げを伸ばすヒントをみすみす逃している。市場ニーズよりも自社の都合が優先している。

一人前をお客さんが求めているので、それに合わせ量を少なくするという情報は、一見ありふれた情報のように見える。しかしそれは情報の意味や価値を知らないだけである。価値のある情報ほどお金と時間がかかっているのである。情報は無形だけに、沖縄の企業の多くはタダという感覚が強い。デザインやアイディアもタダと思っている。目に見えないものに価値を見いだすことが出来るか出来ないかで今後は大きく成否が別れる。

時代という追い風

売れる仕組みを構築できなければ、沖縄の物産はいつまでたっても売れずじまいだった。「沖縄県物産公社」は、その仕組みを構築し成功したわけだが、時代背景、社会背景も大きな成功の要素になっている。

「ちょうど社会的に高まった、健康志向、自然志向に重なり、社会ニーズと合致できたのでうまく軌道に乗ったと思います。これは、私達はよく言うのですが『遅れたものの特権』と。確かに沖縄は近代化は遅れました。とくに製造業の設備投資は近代化が遅れています。しかも、沖縄の狭い地域で物流しているし、メーカーが直接店に搬入しますよね。だから、防腐剤を使う必要もない。メーカーが作って翌日には店頭に並んでいるわけですから。そこに問屋を介する必要もないくらいマーケットが狭いわけです。多くの商品が防腐剤、添加物がない。これは意識的にしたわけではなく、自然とそうなった。もっと早めに本土マーケットに進出していたのなら、防腐剤、添加物が使われていたと思います。それが我々が本土展開したときに評価された。時期的にうまい具合に、健康、自然というキーワードがぴったり『わしたショップ』に合致したのです。一周遅れのランナーがトップ集団をひっぱっていくようになった。こちらもスピードアップしないといけないし、意識改革もしないといけない。まだまだ、沖縄の商品は伸びるし、社会的な背景に助けられた部分もあります」

上地氏が語るように、時代は、健康志向、自然志向と流れていった。沖縄は本土より遅れて施政権を取り戻し、本土より遅れ社会基盤が整備された。インフラと同じように産業も近代化が遅れた分、沖縄の物産はいい意味で素朴さが残った。

また、決して安くない健康食品が売れる時代では、長寿県である沖縄の物産は、大きな魅力である。健康に良いとなれば、少々値段が高くても、見栄えが悪くても、その商品を求める消費者は確実に存在する。それを見つけだすのが、大変というだけの話である。

上地氏は、こんな話しもしてくれた。

「島バナナを売っていたんです。ちょうど、島バナナが一番高い時期で、一房千五百円から二千円くらいしたんです。当時スーパーマーケットにいけば、フィリピン産のバナナが一房二、三百円で買えます。取材に来ていたあるアナウンサーが『なんで、市価より二〇倍も高いんですか』と、まるで抗議するかのようにインタビューしてくる。『この値段ですけど、このバナナは防腐剤をつかっていません。東京中さがしても、ここだけしかないはずです。それが高いか安いかは消費者が判断・評価します』。取材の様子はニュースで流していましたが、ニュースが終わった途端、電話が殺到しました。『高くてもいいから欲しい』と。学校給食に使いたいというのが三カ所ありました。例え十倍、二十倍高くても、子供たちに安全なものを食べさせたいじゃないですか。当然なことですよね。しかし残念ながら沖縄にバナナを供給する体制がなかった」

パイナップルでも輸入品のものと比べて高いが、食べて見ればその差が歴然とわかる。そしてなによりも安全である。健康にいいというのが大きな売りにつながる。それを求めているマーケットがあるということを認識すれば、沖縄の物産が本土市場で十分売れるのである。しかし、努力する必要がある。

宮城弘岩専務はマーケットに柔軟に対応した店作りが、地域に支持されることにつながるという。同じ「わしたショップ」でもコンセプトがちがう。

「マーケットに合わせることが大切です。県産品を売ってきた会社が潰れた原因はここにあります。他県のアンテナショップもそうです。県人は商品をよくわかっている。他県のアンテナショップは県出身者をターゲットにしています。我社はまったく違います。県出身者が来て買うのは約二％くらいじゃないですか。沖縄県人より、むしろ外国人が多く、約二、三％くらい。九五％はその地元地域のお客さんです。『わしたショップ』は地域によって売れるものはちがいます。売れる値段も、プレゼンテーションも違う。

沖縄の物産を地域に売って、その地域に定着するのが願いです。商品が良ければ本土の人は隣近所に口コミで広げてくれる。

『わしたショップ』は、それぞれコンセプトが違います。コンセプトにあった商品、品揃え、地域ニーズに合わない商品は取り扱えない。地域の特性をどうしたら発見するのかというと物産展です。データを分析すると地域にあった商品構成が見えてきます。コンセプトにあった商品を注文して、プレゼンテーションしていく。東京、大阪、それぞれ売れるのは全然違う。日本は東京、大阪、九州でものすごく違います。

重要なのは店舗のコンセプトづくり。これにあった品揃えは、各店舗の店員が自分で注文します。本部を通さない。各自で注文して売っていくパターンができています。地域にあった商品でないと売上げが伸びない。売れる仕組みというのは、組織まで考えなければいけません」

沖縄の商品が本土市場で歓迎されているとはいえ、単純にものを揃えていては売れない。常に売るためにマーケティング戦略を磨いているから、精度の高い情報をメーカーに流すことができる。

遅れてきたランナーがトップ集団を引っ張ることができるのも、先頭集団を引っ張っていけるだけのマーケティング戦略を持っていたからである。

「わしたショップ」展開にしても、「沖縄県物産公社」の宮城専務のこれまで培ったマーケティング・ノウハウが背景に脈脈と流れているのである。

「展開の仕方はロンドンとケンタッキーでのマーケティング展開の経験を『わしたショップ』に応用しています。当時はロボットを販売していました。それが県産品にかわっただけです。私のマーケティング戦略が成功を納め、その会社は現在世界一になっています。その会社に十六年いましたから、その経験を活かしたマーケティング展開を社員に教え込んでいます。やっと芽がでてきました。当社のマーケティング・ノウハウは優れていると自負しています」

世界の舞台でマーケティング戦略を成功させてきた宮城氏。運営も限りなく民間に近いやり方が成功の要因になっている。

「沖縄県物産公社」は、第三セクターでありながら、第三セクターらしくない。民間以上に経営を進化させているから成功し、「沖縄県物産公社」は全国の第三セクターのアンテナショップから注目をされるのである。

いきづまる第三セクター

「沖縄県物産公社」は、県と民間が出資してできた第三セクターである。公社には県が二四％と出資している。

一時期、地域活性化と民間活力の導入ということで、脚光をあびた第三セクター。国、県、市など多くの自治体が、我も我もと第三セクターを設立したが、現在、多くの第三セクターが経営にいきづまりを見せている。

沖縄県が出資している第三セクターも九七年現在で、九社中七社が繰り越し欠損を計上している。沖縄マリンジェット観光も赤字が膨らみ解散した。単年度に黒字を計上しているのであれば、累積赤字も解消できるのであるが、それもままならぬ会社が多い。「沖縄県物産公社」は、九八年度時点で累積赤字は残っているものの単年度では黒字を計上している。

自治体が出資しているので、どうしても運営がうまく行かず赤字を出した場合、自治体が補てんしなければならない。自動的に納税者の税金が投入されることになる。

マスメディアから、お役所体質や放漫経営の実体がクローズアップされる。当然、納税者である市民から批判を浴びることになる。第三セクターが、「すべて悪である」あるいは「親方日の丸」「無用の長物」という印象が定着してしまった感じがする。あるときは持ち上げ、かと思えば、一転猛烈に批判するのは日本のマスメディアの悪い体質である。

よく考えてみれば、第三セクター自体そのものが悪いわけではない。第三セクターには、地域の活性化のためとか、民間単体では難しい事業とか、それぞれ大きな目的で設立されているのだ。ただ、第三セクターといえども、ビジネスであることには変わりはない。予算を消化するだけの公共事業ではない。地域を活性化する事業でもあるが、運営して成果をだすことが、大きな課題となる。

問題は、設立のビジョンを具体的に実現する運営にある。運営形態をどうするのか。人、物、金の経営資源を使い、どのように運営していくのかで事業の成功、不成功が決まる。

ほとんどの第三セクターはビジョンだけが一人歩きしてしまい、運営について十分検討されないまま見切り発車してしまう。補助金を当てにした不完全な事業計画では、うまく行かない。スタート時点で運営がいき詰まるのは、ほぼ決まったようなものだ。

運営がうまくいかない場合、よく噴出するのは誰が責任者であるのかということである。誰も責任を取りたくない。大体、トップに自治体の長が据えられる。名誉社長のようなものだ。実質的な経営責任者はだいたい専務になる。そこに経営・運営の曖昧さがみえる。自治体が勘違いするのは、出資イコール経営という見方だろう。その線引きがわからない。もちろん出資比率により経営に口を挟んだり役員を派遣できる。派遣できる権利と、経営は別ものである。経営は利益をあげ、出資者に利益を配当しなければならない。自治体が勘違いしているのは、出資した金は県、自治体組織のものだと認識している点である。もともと出資したお金は市民のものであり、借り物である。借りたのは、持ち主に返さなければならない。運営で利益をあげ、出資した金額にのしをつけて市民に返還しなければならない義務が生じる。利益が出なければ、イコール借金ドロボーであり、市民・納税者に対する背任行為である。株主は県の幹部や職員ではない。市民・納税者であることを自治体は認識すべきだろう。そういう認識がないため、ビジネスを知らない職員を平気で派遣したりすることができるのだ。那覇市の第三セクター「とまりん」は、社員六人のうち四人が市の職員である。四人は三、四年で移動してしまう。これでは運営ができないのは当然である。給与を市と第三セクターで折半しているにせよ、経営とはいえない。そこには、市民に利益を還元するという発想も想像力もない。運営を成功させようとする意志もない。ビジネスを知らない公務員を派遣する自体、株主である市民・納税者に対する背任行為ともいえる。

資本と経営は別のものである。そういう考え方がないと経営がうまくいかない。経営運営に長けた人材を役員に派遣するのならわかる。しかし、自治体が出資しているからと、運営方針に関係なく、第三セクターを自治体職員の出向先や幹部の天下り先にしてしまうからうまくいかないのだ。役人は、市民に奉仕する公僕であり、ビジネスマンではない。市の職員はビジネスでは素人である。第三セクター自体は、悪くはない。問題は手段・運営である。

全国でも成功している第三セクターは少ないが、中には第三セクターとは思えないほど成功し、町おこしに成功した事例がある。滋賀県長浜市の第三セクター「株式会社・黒壁」である。

最大の功労者は「長浜市」

滋賀県というとピンとこない人がいるのではないだろうか。

長浜市は、人口約五万六千人で、日本最大の湖、琵琶湖の北東の湖岸に位置する湖北地方の中核都市である。天正時代、豊臣秀吉が初めて自ら築城したのが長浜城である。秀吉は今浜から長浜に地名を改め城下町を形成した。水と緑に包まれた美しい町で、江戸時代、浜ちりめん、ビロード、蚊帳などの商業が盛んであった。明治時代には、県下初の小学校、国立銀行が作られるなど文明開化の最先端を行くモダンで由緒ある町であった。

しかし、時代は変わり、近年商業の中心がどんどん郊外に移動していった。商業中心地は、かつての賑わいは失われ、寂れた町になっていった。その危機を救い、町の活性化の拠点になったのが「株式会社・黒壁」である。

第三セクターの成功事例として、マスメディアからも取り上げられ、注目されている。「黒壁」には長浜市が約三一％出資している。

「黒壁」の業務内容は七つ。

◎国内ガラス工芸の展示販売　◎海外アートガラス輸入、蒐集、展示販売

◎ガラス工房運営、オリジナルガラス製作販売　◎食堂喫茶店の運営

◎ガラス文化に関する調査研究、イベントの企画運営
◎まちづくり文化に関する情報、資料の収集、提供　◎国際交流に関する業務

「黒壁」という社名。妙な社名と思われた人は多いのではないだろうか。その社名は、第三セクターがスタートするきっかけになった建造物の名称であった。長浜市にあった旧百三十銀行は市民から「黒壁銀行」「大手の黒壁」の通称で呼ばれていた。建築されてから約百年が経過した建物は、洋館で外壁が黒漆喰の土蔵造りで、重厚で風格のある建物である。明治、大正、昭和、平成の長浜市を見つめてきた歴史的建造物である。なるほど「黒壁」と市民から通称でよばれるのもわかるような気がする。市民から親しまれたその建物は、戦後、教会として使用されていたが、教会の移転にともない不動産業者に売却されようとした。建物が壊され、地上げされるという構図はバブル崩壊後に各地でみられた光景である。

「長浜市のシンボル的な建物を、なんとか保存できないか」

「地域活性化の拠点にできないか」

市民世論が盛り上がった。全国の商店街に見られるように、当時の地元商店街も地盤沈下していた。熱心な有志が数人が集まり、長浜市も出資し、資本金一億三千万円で第三セクター「株式会社・黒壁」が一九八八年四月に設立した。

事業テーマは三つ。

◎歴史性　◎文化芸術性　◎国際性

商店街との業種の競合を避け、大企業が真似できないもので、来館が見込める事業を模索した。いろいろ調べ、ガラスに注目し事業の柱にすることに決めた。ガラスは日本ではマイナーで、特に手作りガラスは、欧米に比べ歴史的、技術的にも遅れていることがわかった。全国のガラス産地をマーケティング調査し、黒壁ガラス館構想が本格化する。

黒壁の建物をガラス館、レストランにして再生し、ガラス工房を新築、一九八九年七月「黒壁スクエア」とし開業した。

初年度は、実質九カ月の営業にもかかわらず、九万八千人の入館者、売上げ一億二千三百万円であった。平成九年度は、入館者数百五十万八千人、売上げ八億六千二百万円で順調に、入館者数、売上げを伸ばしている。

長浜市のシンボル的存在である黒壁の建物を保存し、地域の活性化の拠点として「黒壁」は当初の目的を達成できた。並の第三セクターなら、もう少し事業展開するくらいだろう。「黒壁」のおもしろいところは、その後の展開である。

ガラスといえば沖縄にも琉球ガラスはあるが、一つの産業として確立されていない。明治以降からガラスが導入され歴史が浅いとはいえ、琉球ガラスは、観光産業の一部という括りから脱しきれていない。規模も小さい。ガラスを一つの文化としての捉え方が不足し、どうしてもお土産の域から脱しきれていないのだ。地元の人間が、日常において琉球ガラスに触れ合い親しむ環境が形成されていない。

「黒壁」では、ガラスを琉球ガラスのように単なるお土産レベルに終わらせるのではなく、地域に根差したガラス文化として確立しようというものである。それが「ガラス街道」の根底に流れている発想である。琉球ガラスのように、安く海外から輸入して、琉球ガラスと称して観光客に売る、というスタンスとは明らかに次元が違うのである。

ガラスを「売るだけ」と「文化の構築」とは雲泥の差がある。

「黒壁」は後者の「文化の構築」を掲げ、町おこしの基盤にした。文化の構築は、単純にガラス商品を販売するだけではなく、ガラスについて啓蒙活動をしなくてはいけない。売る以上の困難さが出てくるし、ロングスパンで取り組まなくてはいけない。根気が必要だ。

しかし、なぜ「黒壁」は「文化の構築」という回り道を選んだのだろうか。

商売としてガラスを展示、製造販売するだけなら、既存のガラス産地でもやっていることである。だから、地元文化として定着せず、土産レベルで終わってしまうのだ。作って売る土産レベルは、誰でも、どこでも出来る。すぐ真似られるレベルということになる。「黒壁」のように、古い建物を改造し、ガラス館、ガラス工房、レストランをつくれば事足りる。「黒壁」を真似る自治体の第三セクターも現れるだろう。そうなると、「黒壁」モドキが日本全国いたるところにできてしまう。

他のガラス産地が真似できないレベルに高めながら、大企業が真似できないようにするには、地域に根差したガラス文化の構築を図ることが重要なポイントになる。

ガラス教室、ガラス大学の講座を開設。講座費用は地元企業と市が負担し、ガラス大学では、市内各企業より社員を派遣する企業ガラス講座、市民が参加する市民ガラス講座がある。その他に教育委員会とタイアップし、市内小中学生の課外授業の一環としてサンドブラスト、バーナーワークの体験学習を行なっている。

市民に限らず地元企業も巻き込んで、ガラス文化を啓蒙する一方、町おこし企業としての展開を図る。

ガラス館、レストラン、ガラス工房だけのキャパシティでは、入館者数も限られる。地域全体を活性化するという意味では物足りない。点から面への展開である。

成功しているとは言え、大企業のような資金力もない。第三セクターとはいえ、資本金一億円の中小企業である。人は面白いもので、金がないときは頭を使うものである。

ガラスを一つの町おこしの核にしようと、「ガラス街道」を構築しようと試みた。

長浜市の調査により、「黒壁」を起点に三百~五百メートル周辺には、江戸時代から明治時代にかけて建てられた古い家が八十軒くらい残っていることがわかった。これらは、すべて空き家か、商売をやめた、仕舞屋（しもたや）である。空き家や仕舞屋はこの地域がかつての賑わいを失い、商業が衰えた寂れた町の証でもある。

しかし、視点を変えてみれば、古い家は、歴史的建造物である。何物にも変えがたい風格と歴史がある。それは大きな財産であり魅力でもある。「黒壁」が旧百三十銀行の歴史的建造物を再生し、地域活性化の拠点にしたように、「黒壁」周辺にある空き家や仕舞屋の古い家の利用を図る。空き家や仕舞屋を活用してガラス関連のショップを展開しようというわけである。そうすれば、「黒壁」を中心に町全体の活性化が図れる。

全部「黒壁」が直営し運営を図るには、資金と人材がそれなりに必要になってくる。そこで、四通りの経営形態を考える。

◎直営方式
◎テナントを入れる
◎共同経営方式
◎コンセプトを同じくする仲間の店。
◎経営は別だが黒壁○號館とイメージを統一を図る。

一九八九年から九二年までの四年間に、第一期〜第三期事業にわけて十五店舗をオープンさせた。

現在「黒壁」は正社員数は二七人、契約社員一二人、パート・アルバイト五九人。一九九八年四月、岩手県江刺市に黒壁ガラス館江刺支店を開設した。

空き家や仕舞屋の古い家を利用して、次々とガラス関連の店舗をオープンした。第三セクターとは思えない柔軟な経営形態と展開。同時に、第三セクターの公共性を活かして、地域と連帯して活性化を展開している。第三セクターの形態の良い点をうまく引き出しているが、「黒壁」成功の裏には、地域の気風と経営者の構想力、実行力があったからである。

株式会社黒壁・社長の笹原司朗氏は雑誌の取材に次のように答えている。

「カネは出すけど口は出さない。市役所の幹部を天下りさせない。この二点をのんでもらった。せっかく町衆が自分たちでやろうというのに、口を出されたり、人に押しつけられたりすると、絶対にうまくいきませんからね」

「第三セクターということは何だと考えるんです。どんな事業をやるにしてもスタートアップ・マネーは必要なんですね。民間の金融機関などで賄いきればよいんですが、そうでない場合は、自治体から支援を仰がねばなりません。でも官の役割はそこまで。後は経営にくちばしを絶対挟むべきではないんです。民間を信頼すること。これがポイントですね。所詮は役人がやっても武家の商法になってしまうんですよ」

（ＡＳＨＩＴＡ・７月号／土門剛）

「黒壁」は第三セクターである。自治体は約三一％とと最大の出資者である。しかし経営に口を出すことはなかった。自分の分をわきまえていたからだ。仮に、市の役人が色気を出して「黒壁」の経営に口出しをしていたなら、現在のような成功はありえない。

ある意味で、資本と経営は別ものと認識し、経営に参加しなかった長浜市が、「黒壁」の最大の功労者ともいえる。

黒壁と沖縄県物産公社

笹原氏は琵琶倉庫株式会社の会長で、民間のプロの経営者である。官の財政支援と信用に民間のプロによる経営が、うまく合致したから「黒壁」は成功したといえる。「黒壁」は、限りなく民間に近い第三セクターである。「沖縄県物産公社」とも共通する部分である。

「黒壁」と「沖縄県物産公社」。両社が共通する部分は三つ。

◎経営の中心に、強烈な個性を持ったプロの経営者がいる。
◎運営組織も民間企業とかわらない。
◎大金をかけないで地域の活性化に大きく貢献した。

「黒壁」の笹原社長も「沖縄県物産公社」の宮城専務も、歯に衣着せぬタイプ。豊富なアイディアを出し、会社をぐいぐい引っ張っていく強烈なリーダーシップがある。組織も、一般の会社でも縦割りでピラミッド構造で柔軟性がない企業もあるが、「黒壁」も「沖縄県物産公社」も、現場に権限を持たせている。民間よりも進んでいる。「黒壁」では、女性を登用している。

「娘は大学を終えたら家から勤めに通うものだという保守的な土地柄。ところが、ここにはまともな就職先がない。優秀な人材が地元にゴロゴロしていたから彼女らを雇っただけ」

(日経流通新聞・一九九七年六月一九日付)

ヨーロッパでのガラス買い付けでも、女性担当者が決定する。いちいち口をださない。自分で選んだ商品には誰でも想いが入いるはずだ。だから、店舗で商品の一つ一つを語ることができるのだ。販売にも熱が入るのは当然である。

笹原氏は社員教育無用論を唱えている。氏は高校野球の監督もしていた。

「社員教育などしなくても、場さえ与えれば人間は能力を発揮する」

(同じく日経流通新聞)

沖縄県物産公社・宮城氏も同じように、社員教育という概念はもっていない。現場に権限を持たせ、フラットな組織を構築している。

「当社は現在は百五十人います。毎年二十人くらい増えている。人間が増えるより、売上げが先行している。組織の拡大に人材が追いついていないのが現状です。昨日今日でできません。人材は育ってはきています。時代にあったやり方じゃないといけません。

当社の組織形態は完全な横社会。私がいて、あとは全部横です。横に全部ひろがっている。部長がいますが、これは全部アドバイザーです。だから指示・命令はできません。店舗単位で採算をとっています。本部が統括はしません。店長からの相談はたくさんあります。本部が、あれ売れ、これ売れと指示しません。ビジネスにおいては上下関係はないんです。基本的には、知的社会は、横社会でなければ成立しないのです。

現代は知的社会の時代です。売上げ、事故、クレーム、物を仕入れて売るというのは現場に任せる。開発も含めて。例えば店長がこういう宣伝を打ち出したい。こういう場合は申請してきます。本部がやれとはいいません。『こうゆうことをしたらどうなるのか』毎週言い合います。数字を発表させる。そのなかで問題点や改善点が出てくる。『売上げ落ちている、おかしいよ』と、皆でアドバイスをする。要するに我社は縦組織ではないということです。実際外資系はそうなっています。二〇世紀は横社会の世紀じゃないですか。

基本的には仕事が人材を養成します。人が人を教えると言うのはおこがましいと思います。恐る恐る教えています。仕事がキーパーソンを育てています。個性的でない人はやめていく。その人の良いところだけ伸ばしていきます。不向きだなとおもったら配置をかえたり。一番この人であった部署で伸ばしていきます」

人材採用でも「沖縄県物産公社」はユニークだ。

「土日は勉強時間なんです。工場行ったり、物産展に行ったり、海外行ったり、土日は皆自由行動ですよ。それに使った実費は全部請求してもらう。イベント行ったり、工場行ったり、デパート行ったり。これやらないと伸びない。もちろん簡単なレポートは提出させる。月曜から金曜は本職。土日は自由時間。自分はこの商品知識が弱いと思えば実際食べてみる。または沖縄の歴史を勉強する。一番奨励しているのは踊りとか、空手をするとか、三絃をひくとか、方言ゆんたくするとか。こういったものを奨励しています。それができないと採用が難しい。琉舞、空手できる。これが入社基準みたいなものです。それができる人は伸びる。おじいさん、おばあさんに育てられている人はすぐ採用します。基本的に店長は、空手の有段者ですよ。沖縄の芸能、武道など、なにか関わっていると全部つながります。当社は、沖縄の文化を売っていますので、琉舞で新人賞を受賞した人とか優先して採用します」

それぞれの個性をいかにのばすか。そのために仕事の現場で一人一人が目的をもって働ける環境作りに気をつけている。宮城氏は、大胆のようでありながら、実に、きめ細かく社員の個性を見抜き、引き出す努力はおしまない。

このように笹原氏と宮城氏の共通点が多いのはおもしろい。「黒壁」も「沖縄県物産公社」も何十億もあるような大資本の企業ではない。いわゆるベンチャー企業である。「黒壁」は、二時間で四人と一匹しか通らなかった商店街に年間百五十万人の人を呼び込んだ。「沖縄県物産公社」は、本土に三億数千万円しか売れていなかった沖縄の物産を、公社だけで約三六億円取り扱い、物産関連で約七百億円も本土市場に流れる流通体制を確立した。

小資本で、どちらも地域の活性化へ大きく貢献した。地域活性化というと大企業を誘致して、大金を投じるのが主流である。そういう方法も否定しないが、大金をかけなくても、強烈に地域を活性化しようとする人がいれば、なんとか形にできるものである。

経営者の器の大きさが会社の器である。改めてマンパワーの大切さを認識した。

マーケットは非情

気になるのは今後の展開である。難しいとされていた本土への展開が成功し、つぎのステップは海外への展開になることは間違いない。ただ、今でさえ供給体制が整えられていない状態がある。宮城専務は頭を抱える。

「供給できないんですよ。『ありません』じゃ通らない。借りてでもマーケットを維持する必要があります。ゴーヤーなんかいつのまにか売れ筋になりました。ゴーヤーは、これまで夏しか食べられなかった。消費者は季節など関係ないんです。毎日ゴーヤー食べたい。無理してもマーケットを維持しなければならない。黒糖も間に合わせ切れない。モズクも、シークヮーサーも同じ状態です。これは非常に危険な状況だと思います。一端マーケットを作ったら、死に物狂いでマーケットを維持する必要があります。マーケティングは作るところまで手を伸ばさないと物はできません。沖縄はモノを作るということがすごく遅れている。いったん売り出したらマーケットを維持するというのがない。失ったらどうなるのかわかっていない。十年間相手にされない。当社はマーケットを維持しなければならない。

当社はこのペースでいくと百億円近くいくと思います。十周年で五十億円は超えると思います。後は加速度がついて来ると思う。当社は工場を作らないといけないと思う。沖縄のつくるものでは挽回し切れない。一端切ったものを別のもので埋めている。A社がだめならB社で埋める。消費者は納得しません。作るところまで手を伸ばさないと、今後はないと思います。

台湾は金持ちですから。日本の比じゃないですよ。GNPも沖縄より台湾が上です。台湾への展開も毎月五〇コンテナ注文をとってきました。今年の四月から百コンテナにしようということでやっていたのですが、現在、二二コンテナで終わっています。海外は本土よりもっとロットが多い」

販路が確保されると、今度は供給体制をしっかり整えないといけない。島バナナを求める人が多いが、需要を満たすくらいの供給体制が沖縄になかったため、大きな取り引きにはつながらなかった。供給する側ではそれでいいとする場合もあるだろう。しかし、マーケットはそれを許してくれない。

ゴーヤーは沖縄が市場を作った。沖縄産ゴーヤーだけではマーケットの需要に追いつけない。そこに目をつけた九州各県ではゴーヤーを大規模に生産し、マーケットに進出した。市場は安定した供給を望んでいる。ゴーヤーは沖縄のものと生産者がたかをくくっていれば、そのうち相手にされなくなる日がくるかもしれない。マーケットは非情である。今後、海外展開を図る「沖縄県物産公社」の腐心がうかがえる。

成功するまで、やる勇気

沖縄県物産公社の宮城専務の成功哲学はおもしろい。

「自分の哲学的に言えば、失敗ということはない。なぜなら成功するまでやるからです。成功するまでやるから失敗はない。問題は、その時間をいかに短くするか、です。いったんスタートしたら、どこをどう押せばこの会社が潰れるか、私はよくわかります。今日店がオープンしたとすると、私はどうすればこの店は潰れるか、苦労して作ったものをいかに潰すかを考える。失敗の仕方を考えれば、あとは成功するしかないわけです。勝つ試合ではなくて、負けない試合をする。絶対負けない。立ち上げた時に、潰すことを考えないと非常に大きな失敗をする。この会社はこうすれば潰れる。だからこう手を打てば成功するのです。マイナス要因をできるだけ直す。発見する。どうしたら潰れるのか考えていると見えるんです。こうした哲学は、体験からしか生まれてこない。

若い人たちへのメッセージは『勇気』です。実行する勇気、挑戦する勇気、組織化する勇気、決断する勇気が必要です。いまの経営者は、赤信号を目の前にして一歩も踏み出しきれない。赤信号のままだから、皆で渡っても怪我をする。こういう時代は野蛮人じゃないとやっていけない。スマートな人は無理です。荒波の時代には、野蛮人による決断力。昔でいえば一番ディキランヌー（落ちこぼれ）はやれるんです。一流大学出身はだめかもしれない。ディキランヌ

宮城弘岩専務

ーは、逆に社会に出ている分相当勉強しているからね。学歴がないだけ。学歴と学力はちがう。

沖縄の人は、叱られた経験がない人が圧倒的に多い。叱れると自分の存在意義を失う。ものすごく恥をかいて、叱られる。でもそのためには、何かやっていないといけない。つまり勇気があるからやって、叱られる。そうして本当の日本語で叱られた経験が、本物なんです」

成功するまでやれば、失敗はない。

宮城氏の成功哲学は、大胆なようにも映るが、決して大胆でない。物事を成すときに決断し、一歩踏み込んでいかなければ何事も成しえない。一歩踏み出すには自分の英知を搾り出した勇気が必要だといっている。何も考えず哲学のない勇気は無謀というものだ。

日々学び、物事を掘り下げているから、本物の勇気がうまれるのではないだろうか。時代を読めるから勇気につながるのだ。逆に、日常なにも学ばず習慣に流されていたのならば、時代も読めないし、勇気も育たない。

一九九四年に銀座に「わしたショップ」をオープンして、独自の展開をしてきた「沖縄県物産公社」。全国に沖縄の物産をアピールし、販路を開拓した。そして最大の貢献は八百五十人におよぶ雇用創出である。

バブル崩壊後、不況で物が売れない時代である。終身雇用が崩壊し、リストラと称し大量首切りが行われている。失業率が過去最高を記録している。個人消費は落ち込み、デパートやスーパーマーケットの業績は低迷を続けている。そのような中で、沖縄の物産が約七百億円も本土に売れている。奇跡に近い伸びを示している。その礎を築いたのは「沖縄県物産公社」であることは間違いない。製造業が堅調に伸びているので、雇用の場ができる。ただでさえ失業率の高い沖縄である。そういう意味で沖縄の物産を牽引してきた「沖縄県物産公社」の存在は計り知れない。もっと評価すべきである。本土に沖縄の物産を売ることを、お金を出すからやれといわれても出来ることではない。

沖縄の物産は目に見えるものである。売るノウハウは目に見えないものである。

宮城氏は八年もかけてパイロット拠点方式によるマーケティングを構築した。一日で出来るものではない。大きな知的財産である。

沖縄県物産公社・専務の宮城弘岩という一人の経営者の存在が、大きく沖縄の物産を変えたことには間違いない。

月桃紙——日本月桃

紅芋菓子——お菓子のポルシェ

おにぎり処「越後」——沖食ライスサービス

プラザハウスショッピングセンター

【日本月桃】

サンニンをビジネスに

一年に一度だけ重宝される草

月桃（げっとう）というより、サンニン、ムーチーカーサ（ムーチーの葉）といった方が分かり易いだろう。

鬼退治伝説に由来するムーチー（クバ、サンニンに包んで蒸した餅）は、こどもの健康を願い旧暦十二月八日に行なわれる沖縄の伝統行事である。ちょうど底冷えのする寒い時期にあたるので、ムーチーをつくる時期を「ムーチービーサ」といい、冬の訪れを感じる行事だ。

三十数年前くらいの田舎では、ひいたもち米を前日の夜、家族総出でこねてサンニンの葉に包み蒸していた。出来上がったばかりのムーチーは柔らかく、甘い餅にサンニンの独特の香り口の中にほのかにひろがっておいしいかった。お菓子などあまりない時代の庶民のお菓子で子供にとって楽しみのひとつであった。一般家庭でつくるのが普通だった頃、それぞれ家の作り方があり、友達と交換しながら食べる楽しみもあった。今でもサンニンの香りがするムーチーを食べると小さい頃の記憶が蘇る。本土の人はサンニンの独特の香りが嫌だということでムーチーを食べられない人もいる。最近は、店で売られているものを買い仏壇に備えるのが普通になっている。

自家製のムーチーが、各家庭で盛んに作られていたころ、餅を作るのはもちろん、包むクバやサンニンの葉も自前で集めなければならない。サンニンは道端や山に少し入ったススキが生えるところに多く自生し、ムーチー時期になると近くの山に入りサンニン（月桃）の葉を集めにいった。ムーチーカーサを集めるのはだいたい子供の役割で、学校から帰ると仲間数名で採りに行くのである。山歩きの遊びも兼ねており、この時期の楽しみであった。毎年採取するのでだいたいどこにあるのかわかる。今はサンニンの葉も店で売っており、自分で採取することもなくなった。

ムーチーぐらいにしか使わないサンニンは、ムーチー時期には大活躍するが普段は雑草として扱われ、あまりありがたがられない存在である。一年に一度は重宝されるが、後は邪魔もの扱いされる草も珍しい。不思議な草である。

月桃は、沖縄、小笠原、中国南部、台湾、インド、ビルマに亜熱帯、熱帯地域に広く分布する。北限は鹿児島県佐多岬といわれている。分類学上はショウガ科ミョウガ属に分類され、多年草で原産地はインドといわれている。成長すると三〜五メートルになるものもある。初夏五月に白もしくは淡いピンクの美しい花が咲き、秋に赤い実をつける。

雑草をビジネスに

平成二年頃、沖縄のどこにでもある雑草のような月桃を利用して月桃紙が作られたと新聞などで取り上げられて話題になった。月桃商品を専門に取り扱う店も浦添市にできたというので、さっそく行ってみると、月桃から和紙を使った紐の商品ができており、色々な商品にできることに感心した。当時、大学などの研究で月桃から防虫成分があると報道された。さまざまな商品展開が考えられ月桃の可能性を感じたが、年月が経過するとともに月桃をあつかった店が閉店し、月桃商品も市場であまりみかけなくなった。話題性が先行したのか思っていた。

しかし、平成九年頃から月桃を原材料に使用した食品が開発されて、化粧品がつくられたりと、月桃関係の新しい商品が次々と発売されてきた。五、六年前のブームとは違い、商品のバリエーションが増え、本格的に月桃商品が市場に浸透し定着しつつある。

「日本月桃」は月桃商品のパイオニア的存在で、月桃の栽培から製品の企画、製造、販売までおこなっている。商品アイテムも多岐にわたり月桃紙、壁紙、障子紙、防虫忌避材（農業用）、防蟻剤、消臭剤、抗菌スプレー、月桃エキス入り肥料、文具（はがき、封筒、便箋、レターセットなど）から、月桃麺、月桃アイスクリーム、月桃茶などの食品まで製造販売している。

日本月桃社長の碓井修氏は、経営者にありがちな人を圧倒するタイプではない。一見公務員にも見えるが、話してみると一本筋が入った経営者である。これまでの紆余曲折した自社のことを淡々と語ってくれた。

「月桃はムーチーやサトウキビを縛る縄の代用品に使われていましたが、加工品として活用されたのは、個人の趣味の範疇で『月桃紙』が作られたのが始まりだとおもいます。その後多くの方が月桃事業に挑戦しては挫折していった経過があります。

私が月桃事業と巡り会ったのは平成四年です。その頃以前勤めていた会社の直属の上司が脱サラし、多角的に事業を展開していました。その一つが月桃事業であり、この事業が軌道に乗りそうだけど、おりしもバブル経済の弾ける直前で、人材が集まらず、苦労されていたそうです。その状況で私に声がかかり、沖縄に呼ばれたのが、私が月桃と関わるきっかけでした。

しかし、うまく軌道に乗りそうで乗らないのが新規事業で、元上司も他の事業で稼いだ資金を月桃事業に注ぎ込みましたが、うまく行かず数億円注ぎ込んだ段階で撤退を決意されました。

これはやむ得ない判断だったと思います。しかし、以前勤めていた会社を辞めるときに引留められるのを押し切って退社してきたので、私は今さら戻れません。リストラが盛んな現在では考えられませんが、当時はバブル経済の後期で人材不足でした。そのような時に退社して少なからず迷惑をかけたのです。私は困りました。覚悟を決めて月桃事業を自分でやり直してみようと決意しました。元上司のようには資金はありませんので、考え方をガラリと変えて始めました。そこでお世話になった元上司には申し訳ないのですが、撤退したこの事業を反面教師とさせていただき、活動指針としました。

まず、お金をかけないこと。以前は社員を大勢採用し、大企業の論理で経営されていました。これを否定し、個人商店の発想で経営することにしました。自分以外には経理事務を執る従業員がいるだけでした。これは単に人件費を節約するだけではなく、即断即決が可能なので、メリットが大きかったと思います。外回りをして販売活動と情報収集を同時に行い、チャンスに巡り会えばその場で重要事項を決定できました。出先で取締会をしているようなものです。

次に原料確保を自前で行うこと。以前は、農業協同組合に仲介してもらい、農家から月桃を買い付けていました。しかも沖縄本島から数百キロメートル離れた離島からです。これはいくつかの問題がありました。最大の問題は栽培者と濃密なコミュニケーションがとれないことです。これでは些細な事でも不信感が出てきたりします。また、農協が介在するとコスト面でものすごく割高になっていました。これらの条件を解消するために契約農家に委託栽培するのではなく、農家から有休農地を借り受けて小作料を支払い、自分で栽培する方式に変えました。畑仕事を私一人がするわけにもいかないので、作業員を採用しました。結果的には掛かったコストは以前と比較して三分の一以下に圧縮し、合理化することができました。

ここで苦労したのが『どこで月桃栽培を行うか』でした。北はヤンバルから南は糸満までいろいろな方にお会いして月桃栽培地を探しました。有力な農家の方や役所の方に会いました。総論賛成各論反対で、意気投合はしますが、思惑の行き違いでなかなか話がまとまりませんでした。そうこうしているうちに勝連町の農業委員会の会長の紹介で運命の人と巡り会いました。その方は兼業農家で、本業は重機のオペレーターです。正直なところ当初は見当違いな人を紹介してもらったなと、内心思っていました。しかし腹を割って話してみると、最適な人だということがわかりました。その人は『新規事業が最初から儲かるわけがない。腰を据えてやれば必ずうまくいく』と理解を示していただきました。思惑の行き違いはありません。この時これで月桃事業は軌道に乗せられると直感しました。いろいろな人に面会を繰り返しながら、ここに落ち着いたのは忍耐と幸運の賜物と感じます」

運も味方につけながら、一歩一歩足固めをしてきた「日本月桃」であるが、月桃ビジネスをここまで成長させたのは碓井氏の人柄も大きかったのではないだろうか。

個人商店の発想

「月桃という草の茎、葉、種子から様々商品開発が可能性があり、原料としては無駄無く利用できます。茎から作った月桃紙が始まりでしたが、その延長戦上の壁紙が沖縄県外でヒットしたのがきっかけとなって、個人商店のような形態から法人組織らしい形態に発展できました。

月桃の種子は古来より漢方薬として健医整腸に服用されています。当社では月桃の種子を玄米、前茶をブレンドした月桃茶を商品化し、好評です。月桃商品の一つ一つを話しはじめるときりがなくなりますが、月桃を原料として商品を企画すると無限の可能性を感じ、止めれなくなります」

沖縄の道端に生えているなんの変哲もない雑草の葉、茎、実からできた製品が、苦難を乗り越える原動力になった。「金のなる木」ならぬ、「金のなる雑草」である。

《茎》　◎壁紙　◎月桃紙
《葉》　◎月桃精油　◎消臭スプレー　◎有機肥料など
　　　　◎月桃パウダー　◎月桃麺　◎月桃アイスクリーム
《実》　◎月桃茶

「こういうものは小さく売って小さく儲けるものだと思います。そのわずかな利益を次の仕入れにまわして今度はもう少し大きく儲ける。これの繰り返しで少しずつ大きくなるんであって、いきなり大きく儲かるものではないですね。改めていうまでもなく当たり前の事かもしれませんが。平成六年のスタートの時は個人商店の発想でした。今では従業員も増えて会社らしくなりましたが、個人商店の緊迫感は残しているつもりです。那覇の国際通り界隈の土産物店や文具店に月桃紙を扱ったお店が十数店舗ありますが、問屋さんを介在させずに全て直接納品していいます。マージンがもったいないというようなことではなく、直接売り場の在庫状況を把握していないと売れ筋商品に限って欠品状況になってしまいます。売り場の担当者と仲良しにならないと条件の良い棚を貰えません。ずうずうしい考え方ですが、扱っていただいている店の棚は自社の商品スペースと思って、商品の補充を行っています」

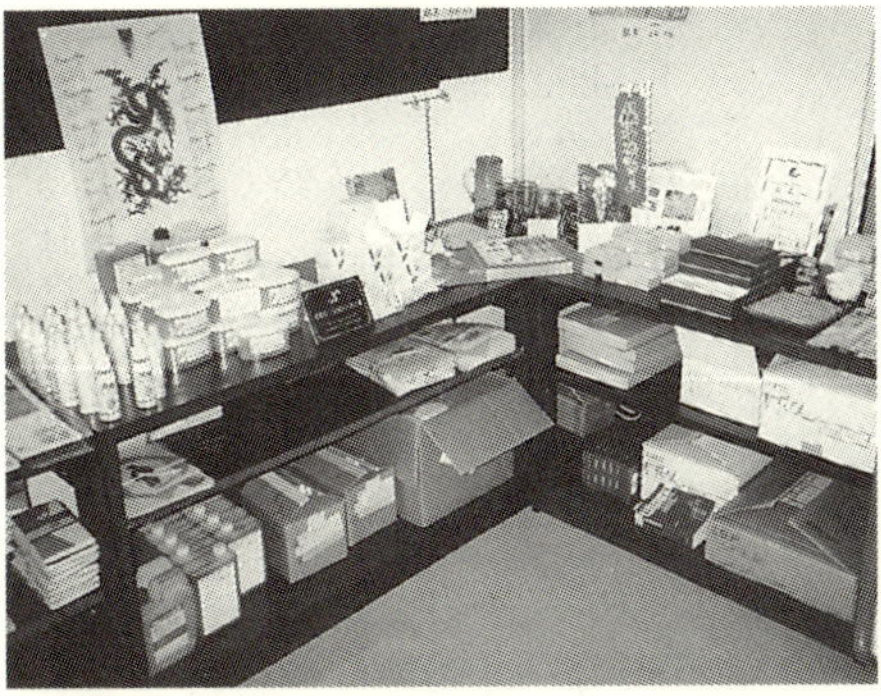

月桃商品（本社ショールーム）

直接、小売店に納品することで自然にマーケティング調査しているようなものである。欠品をおこさないように細かいフォローをすることにより、小売店も「日本月桃」の商品に、自然と注意するようになる。自社製品だからできることであり、代理店や小売店はそこまでフォローはしない。

商品は常に補充することでディプレイも兼ねながら、商品そのものが宣伝ツールになっている。欠品はイコール宣伝力を落とすことになる。店に直接納品することにより、セールスプロモーションをしながら、マーケティングもしている。

店頭から様々な情報を手に入れることができる。仕入れた情報は商品開発に活かせるわけである。

「問屋さんの担当者や小売店の担当者が月桃紙の絵葉書の絵柄を全て記憶しているわけではありません。例えばA小売店へ電話で月桃紙の在庫状況を問い合わせると『まだあります』と答えます。しかしA小売店へ足を運ぶと、売れ筋商品が無くて売れ筋ではない商品が残っているんです。問屋さんや代理店の担当者に文句を言っても仕方がありません。直接訪ねて欠品を補充すれば、その小売店の商品回転率が高くなり小売店も当社も利益を得ることができます。月桃商品のようなものは、このようにして販売するのが拡販の早道です。大きな会社ならば、テレビや新聞を使って宣伝できますから、直接お客さんに商品を覚えてもらえます。こうなれば小売店回りをしなくても欠品をする確立は少なくなります。しかし、駆け出しのベンチャー企業ではそうはいきません。足で稼いで補うのが基本でしょう」

月桃が再度注目されているのは、「日本月桃」の地道な営業活動と商品開発があったからにほかならない。腰を据えてじっくり取り組むことが大切である。

沖縄の人の特徴だが、うまい儲け話に弱い。それでは哲学もなく根っ子のないビジネスになる。ビジネスは儲けないといけないが、ベンチャー企業を起こし成功している企業は儲けが後から付いてくる場合が多い。新しいことをやるのは勇気も必要だし、認められるまで時間がかかる。根っ子がないと軌道に乗るまでもたない。

「作ることより、売ることが大切である」と碓井氏が言うように、そのことは沖縄の物産に総じていえることである。本土へ販売を広げている企業ほど売ることの重要性を認識している。沖縄の物産はナショナルブランド（全国展開の有名ブランド）ではないので、地道なフォローが必要である。要説明商品が多い。そのような商品特性があるにも関わらず、ナショナルブランドと同じことをしているところが多い。流通戦略で大手企業と同じことをして成功するはずがない。自社の商品特性、自社の置かれている状況を十分理解していないという証拠である。だからマーケティング戦略の大きな過ちを起こすのである。

エンドユーザーを狙え

「日本月桃」の主力商品である月桃の壁紙が本土市場に売れ始めている。

「販売戦略として二通りの方法が考えられます。一つは卸売り業者から小売店、顧客と物の流れに沿って売り込みをかけ在庫を持ってもらい、商品を流す方法です。もう一つはダイレクトにエンドユーザーを狙い、認知してもらえるように宣伝することです。

壁紙の場合、物の流れに沿って売り込んでも、その努力が顧客まで届かないことが多々あります。流通マージンが少ないとか、施工が難しいんじゃないかという先入観で職人や流通業者は勧めてはくれません。しかし、このような事情はエンドユーザーのお客様には関係ありません。気に入ったものを手にいれたいと考えているだけです。

月桃紙壁紙はエンドユーザーが購読する建築雑誌に広告費をかけて特徴をアピールしています。幸い月桃紙には天然、安全、健康、エコロジーといった特徴があるので、このどれか一つでも気にいっていただければ、顧客が職人や業者に月桃を指名して買いに来て下さいます。

あるエンドユーザーの事例でこんなことがありました。そのお客様は月桃紙のファンで、新築する際、全国的に名前が知れているAハウスメーカーと契約したそうです。ありがたいことに内装に月桃紙を指名していただきました。ところが、Aハウスメーカーの営業担当者は『施工しにくいので仕上がりが汚い』などと理由を並べて月桃紙の指定を止めさせようとしたそうです。その時、施工方法についてそのお客様から当社にお電話をいただいたのです。二点ほど注意点を説明して問題のないことを御理解いただきました。一ヶ月ほど後、その方に電話してみるとびっくりしました。Aハウスメーカーの営業担当者が月桃紙使用を止めさせようとしたので、Aハウスメーカーと契約を解約し、月桃紙を施工を引き受けしてくれる地元のB工務店と契約をし直したそうです。もちろんAハウスメーカーに高額な違約金を支払ったそうですが、『解約してよかった』とおっしゃっていました。この話を伺って、とても嬉しくなると同時に商品特徴を訴求する先は、実際に住まわれるエンドユーザーなのだということを改めて再認識させられました。手間がかかりますが、結果的には一番早い方法だと思います」

月桃紙は要説明商品である。地道に隙間を見つけなければいけない。隙間市場をみつけるまでは大変で、試行錯誤しなければならないのだが、マス・マーケット（一般大衆市場）のように流動的ではないので、いったん開拓すれば強固なマーケットになる。

ビニールクロスが嫌で、月桃を使いたいために前金を無駄にしてもいいとする熱烈なお客さん、ファンがいる。商品特性とターゲット（目標）を明確に絞り込むことにより、本土で壁紙を売ることに成功したのである。

月桃紙はマス・マーケットには向かない商品である。しかし、その商品特性を理解し強烈に欲しているニッチ・マーケット（隙間市場）はある。その隙間にターゲットをしぼりアプローチしていくかが問題である。ニッチ・マーケットは簡単に見つけられるものではない。本土流通に乗っけるだけでは尻切れトンボになってしまう。流通で途切れないような仕組みを作らないといけない。ダイレクトにエンドユーザーのお客さんに月桃紙の良さをアピールすれば、流通も従わざる得ない。もちろん商品により宣伝の方法も考えてないといけない。

いいものを作ることが前提

「原料の月桃栽培と一次加工は勝連町でおこなっています。月桃商品は多岐にわたっていますので、製造加工の一部は沖縄県外で行っています。心情的にはすべての工程を沖縄県内で行いたいのですが、仮に当社で製紙工場を所有すると工場の稼働率はほんの数%になってしまいます。現在壁紙の売り上げが好調ですが、仮に自社工場で作ろうとすると三週間もあれば一年分の壁紙が出来てしまいます。工場稼働率が数%ではとてもやっていけません。せいぜい一ヶ月の稼動であれば外注加工するに限ります。外注先は、全国でも有数の和紙産地です。フル稼動状態の製紙工場ですが、こういうところは技術力と最新の設備があります。いいものを作るには技術力のある企業に外注するのは当然の成りゆきと考えられます。売れる商品の基本条件は品質の高い商品であることです」

「日本月桃」の商品アイテムはここ数年で増えている。「日本月桃」のショールームに紙類から食品まで並んでいる。自社で全てを商品開発をしようとすることは無理な話である。小さいならその強みを活かし、餅は餅屋でアウトソーシング（外部依託）し、あるいは共同で開発した方が効率的で柔軟に対応でき、短期間でレベルの高いものができる。しかし、単純に効率だけを重視しては、いいものはできない。根底には、より良い商品を作るという、物作りの基本的な哲学がないといけない。でなければ、いい商品はできないし、消費者も見抜いてしまう。

例えば、今問題になっているウコンである。ウコンの原材料を外国から輸入して、製造を県外でやって、県内に持ち込み、堂々と県産品として販売する。これでは県外の商品である。県産品として売るのは詐欺にちかいし、モラルを問われる。非常に効率的で、アウトソーシングというふうにみえるが、基本的な哲学が欠落している。原材料を輸入しているのであれば輸入先を記し、製造・販売を県内と明記すればいい。原材料は県外や外国であっても、製造という付加価値を県内で作り出せば、りっぱな県産品といえるだろう。

昆布は沖縄の料理によく使われているが、原材料の昆布は北海道産である。しかし、料理方法、加工という付加価値が加わり県産品になる。県産ビールでも原材料のホップは輸入品である。泡盛にしても原材料の米は東南アジアからの輸入である。加工や商品開発という独自の高い付加価値をつけることにより、りっぱな県産品となるのだ。沖縄の原材料か、または製造工程において、何の付加価値も与えないのであれば県産品といえない。パッケージを変えるだけでは県産品とはいえない。製造工程を一部外部に依託するにしても、コアの部分をもっていなければならない。一から十まで全てを県内でやる必要はない。ビジネスのコア、哲学があれば県外、国外を活用してもいい。

「日本月桃」は商品展開するなかで、協力企業も出てきているが、悪徳便乗商法も出てきている。「日本月桃」の商品を引き合いに出し、月桃が一キロ数百円で売れると宣伝し、ただ同然の月桃の苗を販売している業者が現れている。もちろんその業社は「日本月桃」とは関係ないが、だまされて苗を買わされた生産者が「日本月桃」に「なぜ約束どおり月桃を買わないのか」と怒鳴り込んでくるという。「日本月桃」にとっては、いい迷惑な話である。月桃が一キロ数百円で売れるはずがないし、市場を知らないで、いい話があると飛びつく沖縄の人の気質を巧みに利用している悪徳商法である。これから月桃関連のビジネスが拡大すると予想できるが、そういううまい話には気をつけたほうがいい。

沖縄はやり方しだい

「日本月桃」のここ四年間の売上げの推移は、六千四百万円、七千二百万円、八千六百万円、一億二千二百万円。驚異的な伸びをしめしている。

七割が本土で、今後も本土の売上げが増えると予想している。売上げが伸びるにともない供給も増えていく。しかしウコンのように原材料を海外から輸入することは考えていない。「日本月桃」の基本的なスタンスは、原料供給地は沖縄県内であり、自社直営農園で供給していこうと考えている。碓井氏は理由をいくつかあげている。勝連町で協力してくれるパートナーに巡り会ったということもあるが、品質を維持管理するためには原材料を沖縄で確保したほうがベストなのだ。

「直営農園で月桃を確保する目的は、第一にコストダウンがあります。契約栽培、委託栽培という方法は考えていません。契約や委託をすると買わなければならない義務が発生します。しかし、必ず応じきれる自信はありません。資本力を要しますし、原料在庫を寝かすことになります。栽培の手間のかかならない月桃でも契約栽培となると、農家はサトウキビ並の価格を要求してきます。ですから月桃栽培は自社でしなければなりません。それでも商品販売のピーク時には原料が不足することがありますが、勝連町近辺に協力していただく方がいて、一キログラムあたり五円という単価で確保しています。協力者からすれば魅力的な価格というわけではありませんが、製品を作る立場からするとそれでも厳しい単価です。つまり双方にとってギリギリの数字なのです。ですから、協力していただく方に、わざわざ栽培してもらうのではなくて、雑草として元々山に生えているものを分けてもらうことにしています。

碓井修社長

　政府系の外郭団体の方が『海外で月桃を栽培するとコストダウンになるし、政策的に優遇処置がありますよ』と海外での原料栽培を勧めます。しかし、海外で原料確保地を求めることは考えられません。管理者を現地に常駐させなければならず、コストダウン自体にも疑問を感じています。それだと栽培者と濃密なコミュニケーションをとれなくなりますし、身近な沖縄のマーケットを失います。原料供給地はバイオマスのベンチャービジネスでは重要な事だと考えています。沖縄でなければいけないのです。月桃商品はニッチ商品であり、ニッチ・マーケットは安全性を要求していきます。生協などがそうです。このとき生産地を必ず明記しなければなりません。評価として農産物の安全性では輸入品より国産品が有利です。安全性を含めた農産物の品質管理のためには栽培管理を直接おこなわなければなりません。日本で唯一亜熱帯に位置する沖縄で亜熱帯性植物を活用するメリットが活きてきます。これは沖縄の特権です。

沖縄県の外郭団体が音頭をとって月桃事業を次世代の農産物にすべく、県の農林水産部の方も参画し議論しています。その会議のなかで気になったのは、農業として月桃栽培を本格化させようとする方々の意見でした。『農家が潤う仕組みを作らなければならない』というのが趣旨でした。もしそこで私が本音で『月桃の価格は一キログラム五円です』と発言したら、非難が集中したのかもしれません。ところが、自社で栽培収穫すれば経費を計算しても五円もかかりません。本当に月桃を大量に必要とする人は自社で栽培すると思います。原料である農産物の代金を釣り上げると沖縄が損をするのです。それが一番問題です。

ウコンの例でもわかるように、亜熱帯にある東南アジア諸国のモノは、日本の物価を考慮にいれても恐ろしいほど安いのです。政府系外郭団体が勧める通り、海外に原料拠点が移ってしまいます。月桃農家を栽培農家として本気で育成するならば安く供給できる工夫をすることです。生産性を高める工夫が必要だし、農家もけして欲張らず薄利多売に努めることです。月桃栽培はけして割の良い作物ではないわけです。競争相手は東南アジアを中心とした海外だと認識しなければなりません。仮に月桃事業がビックビジネスになったとしても原料供給地は海外に取られてしまい、沖縄は空洞化してしまいます。当社は一キログラム五円より高値では月桃を集めようとは思いませんし、海外から月桃を仕入れようとも考えていません。

もう一点気になったのは農業関係者は、作れば必ず売れると思っているように感じたことです。月桃栽培でもムーチーに月桃の葉として傷のない大きな葉を育てるために担当者の苦労があるようです。ムーチー専門に月桃を栽培されている方に伺った話では、毎日畑に入って野良仕事をしているそうです。取り引き単価も見合った価格になっているそうです。しかし、このようなマーケットは限られています。農業問題の解決に役立つような大きなマーケットは高額な単価での取り引きは考えられません。ビジネスを成功させるためには、売ることを成功させることであり、販路を確保することがポイントになります。商品を量販するためには原料価格が必ず叩かれます。商品を作るメーカーは必ずしも月桃にこだわっているとは限りません。ひねくれた言い方ですが、農業関係者が構想しているようなたくさんの月桃を作っていったい誰が買い取るのかと思っています。

まず、最初に議論すべきはマーケティングなのです。次に商品開発、製造を直接行うことです。簡単に栽培収穫できる月桃を、基幹作物であるサトウキビや米の様に農協などが無条件で買い取ってくれるシステム構築は不可能に近いと思います。そうこうしているうちに別の県の外郭団体が月桃を議論しはじめています。ここではマーケティングが議論されています。今後の展開が楽しみです」

楽して儲けられる商売はないというのは、商業でも農業でも同じである。農業関係者も十分その点を踏まえながら月桃事業をトータルに考える必要があるだろう。出口をまず考えないと袋小路に迷ってしまうおそれがある。これは、沖縄の産業全般にいえることだ。

碓井氏は、ベンチャー企業にとっては沖縄という環境は恵まれているという。

「月桃事業にとっては沖縄は恵まれた環境だと思います。奄美大島にも月桃がありますが、奄美大島だけのマーケットだけでは事業が成り立ちません。沖縄のように年間四百万人以上の観光客が来るわけでもありません。県庁所在地の鹿児島市は人口五十万人ですが、海の向こうです。その点、沖縄本島には百万人いるわけで、沖縄は市場として恵まれています。奄美でも月桃事業を検討した経緯があり、行政主導で研究が進められました。しかし、事業化しようとする民間企業が現れなかったそうです。日本で唯一亜熱帯という地理的条件と県産品を応援してくれる沖縄県民を味方にし、後はニッチ商品の特徴をどこまで活かせるかの勝負です」

碓井氏は「やり方によっては沖縄が恵まれている」という。ステップアップするためのホームグランドとして沖縄は最適というわけである。冷静に分析し、沖縄の市場の特徴を理解しているから、沖縄のマーケットを活用する方法を知っているのである。実際に店舗に足を運び消費者のニーズを把握し、県内市場を開拓していった碓井氏の経験は参考にすべきだろう。

ナンバーツーのないナンバーワン

「お客さまからのリアクションは励みになります。当社の農業資材を使ってくれた農家から『減農薬栽培に成功した』『月桃茶が美味しかった』と喜んでいただけると、こちらも嬉しくなります」

メーカーとして自社の製品に誇りがもてないと社員の志気もあがらない。月桃は特殊な商品なので、市場に浸透させるには大変であるが、エコロジー志向のお客さんがいて商品を求めているというのが実感できた時、大きな喜びになるのだろう。

販売から商品管理を行なう「日本月桃」は社員七人。農園は六人である。ビジネスを拡大していく中で、作って売るというメーカーとしての基本的なことを大事にしなければいけない。「日本月桃」が、一度萎みかけた月桃ビジネスを再度軌道に乗せた功績は大きい。そのおかげで月桃が再び脚光を浴び始めている。以前のブームというより、しっかりとした土台ができているので、ひとつの産業の骨格がみえてきた。

月桃関連の商品で、県内企業で化粧品を開発している企業が今帰仁村にある。

化粧品会社「ゆめじん」（社長・諸喜田篤氏）は一九九七年十一月に設立された。会社設立二年の新しい会社である。沖縄から化粧品を製造販売する目的で設立され、月桃に着目して独自の商品を開発している注目したい企業である。

同社の化粧品の特徴は、肌によくない月桃成分である防腐剤バラベンを使用せず、月桃の静菌力をいかした基礎化粧品であることだ。ほのかなサンニンの香りと、しっとり、さっぱり感が女性に好評である。

《基礎化粧品》
◎月桃モイストローション（基礎化粧品）　◎月桃モイストエッセンス（基礎化粧品）
◎今帰仁ウォーター（今帰仁の岩石から抽出した天然ミネラルと、天然水を混合した酸性水）
◎今帰仁モイスト洗顔（化学合成界面活性剤を使用せず高級石鹸基材を使用し肌にやさしい）

《県内県外企業と提携開発した化粧品》
◎アビサルフィール（深層水化粧品）　◎ハンのしずく（ハンノキを利用した化粧水）
◎エクストラベース（化粧水）　◎ムアナチュラル（化粧水）
◎クルスタルミスト（化粧水）　◎美桃水（化粧水）

化粧品のほかにも月桃黒糖、月桃茶の食品から、月桃の害虫忌避（きらう）能力を活かした商品も開発している。今後注目したい企業である。

月桃を利用した商品開発をする企業は、これからどんどん増えてくることは間違いない。月桃商品のアイテムが増えることにより、県内に限らず県外国外の大手資本も参入する可能性もある。「日本月桃」も安閑としていられない。

「海外からも引き合いがありますし、海外へ販売したいという仲介業者もあります。しかし、貿易業務は勉強したことがないし、今後の課題と考えています。海外取り引きのリスクヘッジ（危険分散）が出来たとしても輸出先でコピー商品を作られる可能性がでてきます。台湾、中国南部、東南アジア、ハワイ、日本国内でも奄美、小笠原には月桃が群生しています。ベンチャー企業が月桃事業を始めるには、沖縄でないと不可能だと思います。しかし、資本をかけて数年後の黒字転換を前提に大資本が事業展開すれば状況が変わるかもしれません。ニッチ商品の月桃がマス・マーケットの商品になるかもしれません。いろいろな可能性を考えて心の準備をしなければなりません。対策はいくつかあります。

第一に、沖縄のマーケットを大事にすることです。百三十万人の沖縄県民は沖縄県産品の味方です。第二に、大企業に対抗するためにはニッチ・マーケットに固執することです。そのためには柔軟で小回りの利く体質をつくり、特定の顧客層をがっちり掴んで守り抜くことです」

「日本月桃」は、沖縄のどこにでも自生している月桃を、ひとつのビジネスにすることに成功した。踏まれても生えてくる雑草のような地道な努力があってはじめて成しえたのである。しかしマーケットを切り開いた今後の展開がこれまで以上に重要といえるのかもしれない。

アイディアと月桃にかける情熱が、ここまで大きくしたのだ。沖縄のどこにでも自生している雑草のようなサンニン。月桃産業の可能性がはるか彼方に見えてきた。

【お菓子のポルシェ】

沖縄の銘菓作りに挑む

地道な営業

「ポルシェ」という社名が印象的であった。

ヨーロッパの車の名前ではない。沖縄のお菓子の会社名である。最初に見た「お菓子のポルシェ」の商品は華紫（カルカン）であった。土産品店ではなく、近くのスーパーマーケットで見つけた。ヤマイモと上質のうるち米を使い、中には紅芋のあんが入っている。なかなか上品で、なによりも沖縄の特産である紅芋を使っていることに感心した。商品裏に記載されている会社の住所を見ると読谷村とある。特産を使ったと商品となるとやぼったいもの多いが、ネーミングや商品自体の完成度も高い。読谷特産の紅芋の加工商品を開発したということで、「お菓子のポルシェ」はたびたびマスメディアにも取り上げられた。

「お菓子のポルシェ」は沖縄県読谷村に本社を構えている。読谷は紅芋の産地として有名で、紅芋に関して村おこし事業も活発に展開している。今では読谷村は県内一の紅芋の産地でブランドを確立している。「お菓子のポルシェ」は、特産品である紅芋を使ったお菓子を商品開発し、一躍県内外で知られるようになった。最初から紅芋を使ったお菓子を作っていたのではない。どこにもあるような数人ではじめた小さな村のお菓子屋さんからのスタートだった。

ポルシェ・澤岻和子社長はバイタリティーあふれる営業を展開し、次々と県内に独自の販売ルートを築いていったのである。

「主人といっしょにレストランを営んでいまして、その店の一隅に焼きたてのドーナツやショートケーキも置いてみました。あいにくレストランの方は不振で先行きに不安を覚えました。幸いドーナツやショートケーキはそこそこの売り上げがありました。そこでお菓子の分野で活路を見いだそうとレストランをやめ、改めて二十坪ほどの小さな建物を借り、そこを工場兼店舗として再出発を図りました。

当初は私が営業を担当し、お菓子を作る人が二人、それに店員一人というこじんまりとしたものでした。あつあつの出来立てのドーナツは評判がよく、売れ行きも上々でした。しかし、座して待っていては四人の人件費も賄えない状況です。外に販路を広げなければなりません。読谷村内はもとより嘉手納町、金武町、石川市とまわり、遠く今帰仁村まで行きました。どこでもそれぞれの地域の皆さんに暖かく応援していただき品物を置いていただきました。

次に考えたことは、スーパーマーケットに納品できたら、更に大きなシェアを得ることが出来るはずだということでした。そこで地元大手スーパーマーケットの本部に出向いて品物を取扱って下さるよう交渉をしました。幸い好意をもって承諾を頂き、以後はその傘下のスーパーマーケットをとおして全県で販売することになりました。言い古された言葉ですが、それこそ朝から晩まで身を粉にして十年頑張りました。苦労は多かったけれど楽しい日々でもありましたね」と澤岻社長は当時を回想する。

徹底して販路を開拓する営業ができたのも、澤岻社長が根っから営業が好きだったからだろう。小さいということを逆手にとって、小さいところだから出来る「あつあつ焼き立て」を商品特徴にした。県内大手スーパーマーケットに商品を納品することにより、急速に全島に「お菓子のポルシェ」の商品が広がり、県内で名前が知られるようになった。販売ルート開発には、営業力、商品力が必要だが、お客さんにおいしくいただけるように常に工夫していたからである。澤岻氏は、スーパーマーケットに冷蔵ショーケースを入れてもらえないか提案した。冷蔵ショーケースにショートケーキを入れて販売するのである。そういう地道な営業が実り、少しずつ販売先が増え販売額が大きくなっていった。

依頼された商品開発

そこに転機が訪れる。紅芋であった。

「お菓子のポルシェ」は、今でこそ紅芋の商品を開発して、紅芋菓子のメーカーとして知られている。しかし、最初から紅芋の素材の特質を見抜き商品化したのではない。村おこしの一環として商工会から紅芋の商品開発を依頼を受けたのが、紅芋と関わるきっかけだったのである。

紅芋を「お菓子のポルシェ」に働きかけたのは読谷村商工会である。商工会では、一九八四年、商工会地域ビジョン策定事業を策定した。役場、農協、漁協や村民などあらゆる人にヒヤリング調査を実施し、その時、紅芋の加工品を特産品と位置づけるため商品化を図ろうという提言があり、農業加工工場の建設が産業活性化ビジョンに提起されている。この種の事業の場合、通常は提言のままでなおざりにされてしまうものである。読谷村商工会の村おこし運動のおもしろいところは、そこから始まる点である。翌年、ビジョン実現委員会を独自に予算で組み、若手のメンバーを集め一年間じっくりと提言の可能性を検討した。そのビジョン実現委員会の検討のなかで、読谷の特産品である紅芋の加工品をもっと表に出そうということになった。

当時、生活改善グループが紅芋羊かんなどを作っていた。しかし、生活改善グループが作れる範囲の読谷まつりなどに出品するくらいで、一般の消費者が紅芋の加工品を買おうとしてもなかなか手に入らない。この状況では、いつまでたっても、紅芋の加工品で大きな産業を興そうとしても無理なことは、明らかだった。

村おこしのリーダーで、読谷村商工会事務局長の西平朝吉氏は当時をふりかえる。

「商工会では、羊かんだけを作ろうときめていました。しかし、それだけでは産業としてはだめだと思っていました。商工会が村おこしをする意義は、地域の商工業者の育成と発展ですよね。やる人がいなければ企業を興すのですが、村にはお菓子を作る会社がありました。それで『お菓子のポルシェ』さんに働きかけたのです。一九八六年当時、『お菓子のポルシェ』さんは、紅芋には、まったく関係していませんでしたが、『なんとか紅芋を皆さんのアイディアでつくってくれないか』と提案したのです。それで『お菓子のポルシェ』さんには、リスクを伴うことになるのですが、紅芋カステラ、シュークリーム、カルカン、タルトなど作ってもらい、商工会の委員会にも試作品についていろいろ検討してもらいました。

その時点では、まず加工品を作ろうという考えが先で、加工品に使う紅芋を供給することができるか、安定した品質を維持できるか、農家とタイアップできるかというのは、二の次でした。商品化出来るかが命題だったのです。そして消費者に受けいれられるのか、というのが第一の課題だったのです」

澤岻社長は語る。

「それは最初のうちは大変でした。芋は自然の物ですから、色合い、形、大きさが画一的ではありません。色合いを調整するために着色料を使うというわけにもいきません。また時期や天候にも左右されます。年間を通じて一定の材料を入手するということは至難のことで、ほとんど不可能でした。

それに加工行程におけるロスも看過できません。芋を炊いて一個一個、手でもって皮を剥いでいくのです。物によってはどこまでが皮で、どこからが実であるか定かでないといった具合で、大変人手と手間のかかる仕事ですね。それに材料を予め準備しておいても、例えば千円分の注文しかなかったとすると残ったものは捨てなければなりません。本当に採算のとれない仕事でしたが、乗りかかった船で、とにかく研究の繰り返しの中から可能性を探り出していきました。

一九八八年の沖縄の産業まつりに紅芋を素材にしたお菓子を出品してみました。当時すでに宜野湾市が『ターウム』(田芋)で村おこしに成功し、新聞にも取り上げられ、大変な盛況を呈していましたが、皮肉なことに初陣の紅芋がその『ターウム』の隣のブースを割り当てられ、大変緊張すると同時にお客様の反応が気になりました。

澤岻和子社長

しかし、心配をよそに紅芋は多くの人々の関心を呼び大変な評判でした。この年を境に、紅芋のお菓子を取り扱いたいという商談が相次ぐようになりました」

通常、商品開発をする場合、それが売れるのか、売れる可能性があるのかテスト・マーケティングする。消費者に実際売れるのかを「お菓子のポルシェ」の既存の販売ルートを使いテスト・マーケティングをした形になった。そして、試行錯誤を繰り返しながら一般消費者に受け入れやすい商品までレベルアップさせたのである。商品開発には時間とコストがかかる。紅芋を使った読谷村の村おこしは、「お菓子のポルシェ」が参加したのが大きいかった。同社の技術と販売ルートを使い、紅芋の加工商品が市場に早く広く浸透することができたのである。

読谷村は紅芋の産地として戦前から有名であるが、紅芋の加工商品があまりないため一般の消費者は紅芋商品を買うこともない。商工会が中心になり、特産品である紅芋を商品化しようとした。それが、「お菓子のポルシェ」と紅芋を結びつけたのである。

商工会の後押しを受け、「お菓子のポルシェ」の自助努力で紅芋を使った商品を開発した。しかし紅芋の加工商品を作り販売するだけなら、読谷村の村おこし事業はこれほど注目は集めなかっただろう。また一民間企業の紅芋商品がこれほど取り上げられることもなかった。

読谷村商工会事務局長の西平氏が、まず手がけたのが地元マスメディアを動かすことであった。しかしただ単に取材依頼をしても必ず取材するとは限らない。メディアが取り上げられやすいようなネタを提供しなければならない。商工会が中心になり、一九八六年十一月に村おこしシンポジウム「未来をひらくユンタンザ」をテーマに開催した。八七年「ユンタンザむらおこし物産展」を開催。八八年には「特産品販路開拓支援事業」をスタートさせた。販路開拓支援事業では、特産品紹介資料の作成、流通業者、一般消費者へのＰＲ、アンケート調査、懇談会の開催など実施した。

一九九一年、「ユンタンザむらおこし塾」を開設。一九九二年、むらおこし会社「株式会社ユンタンザ」を設立する。村を挙げて進めるユニークな村おこし運動は、マスメディアがほっとくはずがない。そのつどマスメディアで取り上げられ、「紅芋＝読谷」という読谷ブランドが確立されていったのである。

村おこし運動は、継続性がないために一過性で終わってしまうことが多い。読谷村の村おこし運動が全国から注目されるのも、運動に一貫性があり、常に具体的な形にしたからである。「販路支援事業をやった段階で、方向性として見えてきました。独自の展開を図り、全国甘藷シンポジウムもしたり、全国的ネットワークができた。このようなバックアップの仕方が他の村おこしとは違います」

読谷村の村おこしの成功の陰には一人のリーダーの存在がある。西平事務局長の存在が村おこしに一貫性を持たせ、読谷を紅芋産地として県内外に知らしめたのである。読谷村商工会は九年間の村おこし運動を評価され、「第十五回琉球新報産業活動賞」を受賞した。

ヘルシーな紅芋

紅芋（原産地はメキシコ、エクアドル、コロンビア南米大陸）は、とてもヘルシーな食品である。紅芋百グラム中カルシウムが三二グラムも含んでいる。牛乳の三分一にあたる。食物繊維、ビタミンC、ビタミンEも多く含んでいる。カロリーも低く、百グラム中、精白米三五〇Kカロリーに対し、紅芋は百二十五Kカロリーでダイエット食品である。紅芋の甘さは糖分を多く含んでいるからではない。紅芋には、ベータアミラーゼの成分の中に温度が六〇度程度になると、でんぷんを糖分に変える酵素が含まれている。でんぷんの四〇%が糖分に変わってしまうのだ。芋を多く摂取しても糖分の取り過ぎにはならないのである。ちなみに食物繊維をたっぷり含んだ食事は、便秘、高コレストロール、血症、腸の疾患、ガンなどにも予防効果があるといわれている。

芋は身近にあるために、あまり意識されることはないが、非常に優れた食品である。同時に、沖縄にとって縁のある作物である。甘藷と言うと「さつまいも」がおもい浮かぶ。薩摩・鹿児島が本家本元というイメージがあるが、日本に最初に伝来したのは沖縄である。一六〇五年、野国総官が中国福建省ピンショウから芋の鉢植えを地元の北谷間切野国村(嘉手納野国)に持ち帰り、甘藷栽培に成功したというのが最初という。儀間真常が甘藷の作物としての優位性を認め、琉球王府に進言し全島に普及した。甘藷は飢饉に強く多くの人を飢えから救った。一六〇九年に琉球王国は薩摩に征服され、甘藷は本土に伝えられ現在鹿児島県は甘藷の一大産地となっている。

読谷紅芋の種類は、宮農三六号と備瀬の二種類。宮農三六号は一九四七年、宮古農業試験場で作られた品種。皮、果肉も紫色で読谷紅芋はこの種類をいう。備瀬は皮が白で宮農三六号より害虫に強く、収量も高く、収穫時期も早く、様々な土壌にも適している。急速に栽培が進み、読谷では九三年作付面積の五五％と一番普及している品種である。

沖縄は日本一の栽培適地で、芋の花を路地で秋から冬にかけて見ることができる。読谷は水捌けのよい島尻マージで芋の栽培には最適地であった。戦前から読谷の芋は有名で、一九一五年（大正四年）の新聞に、読谷産の芋が那覇の市場に出荷されると、他の産地に芋の値段が落ちたと言う記事が載るほどだったという。しかし、戦後、復帰し経済復興がなされていくと、沖縄県の甘藷作付面積は九八年で三三五ヘクタール、収穫量六二三〇トンまで激減している。沖縄で消費される芋の五〇〜六〇％（市場以外は除く）は本土産だという。

読谷村は、八八年作付面積三六ヘクタール、収穫量六七五トンまで減少した。しかし村おこしで盛り返し、九九年は作付面積七〇ヘクタール、収穫量一一二〇トンと増産している。これも、村おこしの成果が現れている。現在、読谷村では甘藷の作付面積が増えているとはいえ、加工用に使われる芋は需要に追いつかない状態である。

見えないおいしさの努力

一九七九年六月に読谷村伊良皆で四人からスタートした「お菓子のポルシェ」は、順調に業務を拡大してきた。県内大手スーパーマーケットやコンビニエンス・ストアなど約二〇〇店舗、観光土産関係の約五〇店舗、学校給食関係にも納品をしている。

九七年度の売上げは約九億円。紅芋商品が売上げの四割を占める。

「リストラ、倒産など世の中大変厳しい時代ですが、すぐれた社員が揃い売り上げも順調に推移しています」

現在売上げも利益を前年比プラスできているが、一時期は売上げも頭打ちになった時期があった。取り引きするスーパーマーケットも増えたのはいいが、納品に対して返品も多く、経費も増大し利益を圧迫するようになった。急激な業務拡大にともない生産体制の確立が命題であった。九四年、生産統括担当として本土企業で菓子製造を指導を手がけてきた佐々木弘氏を招聘した。現在、佐々木氏は同社の専務である。佐々木氏は生産性のアップに努力する。

「当初、生産性は本土企業の半分以下だったが、今では二割以上向上した」

（日本経済新聞・一九九八年十二月四日）

「お菓子のポルシェ」の紅いもタルトは、当初完全な手作りだったが、九六年から機械を導入しオートメーション化を図った。生産効率を上げながら、且つ商品の品質をアップさせることに努力を惜しまない。

「今一番売れているのは紅いもタルトです。生地に練り込んだり、紅芋は本当にお菓子にあった素材です。紅いもタルトの甘さは、芋そのものの甘さです。芋の持つ本来の甘さを引き出して活かす工夫をするのが私達の仕事です」

実際、紅いもタルトを食べてみたが、しっとりサクサクしたパイに、独特の自然な風味と甘さがある柔らかい紅芋のあんの食感の組み合わせが面白いし、おいしい。紫色の紅芋のあんが目を楽しませてくれる。手のひらサイズの割りには、ずっしりとした重量感がある。お菓子でありながら紅芋そのものを食べたという実感がある。上品に仕上がっている逸品で、一番売れているのもわかる。紅芋を使った商品、だから売れる、という単純なものではない。村おこしに賛同し、苦労して紅芋商品を開発したその技術力は、沖縄の産業まつりや全国菓子大博覧会で高く評価されている。

紅いもタルト

澤岻和子氏は無添加、無着色で自然の紅芋の甘さと風味にこだわる。きれいな紫色を出すために着色しているかと思ったのだが、紅芋のきれいな紫色は、紅芋の本来もっている自然な紫色なのである。「離島フェア」で蒸した紅芋をお客さんが試食していたが、本土の人と思われる若い女性は「サツマイモみたいな味がする」となにやら感激している様子だった。それだけおいしい沖縄産の紅芋。無添加、無着色でも十分紅芋のおいしさを引き出すことができる。

下手に手を加えれば、素朴な紅芋の風味や甘さを逆に失うことになる。ただ、紅芋は自然の作物。色が必ずしもきれいな紫色とは限らないし、同じ甘さがあるわけではない。当然生産コストは上がる。添加物を入れ、着色料を入れれば、品質も安定しコストも下がるが、しかし、それをしないのは「お客さんにおいしいものを」という澤岻社長の基本的な考えが貫かれているからだ。「お菓子のポルシェ」を澤岻社長が四人ではじめた頃、ドーナツやケーキを販売した。アツアツのドーナツは、お客さんが欲しがる商品である。手間をかけて、おいしいものを作るその姿勢が、お客さんから支持されている理由ではないだろうか。

◎第十五回沖縄の産業まつり（一九九一年）
《紅いも菓子詰め合せ》　工業製品の部食品部門・優秀賞
◎第十七回沖縄の産業まつり（一九九三年）
《紅いもガレットと紅芋スイート詰め合せ》　工業製品の部食品部門・優秀賞
◎第十八回沖縄の産業まつり（一九九四年）
《紅いもカステラ》　工業製品の部食品部門・優秀賞
◎第二二回全国菓子大博覧会（一九九四年）
《紅いもようかん》　菓子博栄誉賞
《紅いもガレット》　金賞

《華紫（かるかん）》　技術優秀賞

◎第二一回沖縄の産業まつり（一九九七年）

《紅芋タルト》　沖縄県知事奨励賞

◎第二三回全国菓子大博覧会（一九九八年）

《紅芋焼》　食糧庁長官賞

《紅芋パイ・パインパイセット》　栄誉金賞

《黒糖一番きびっこ》　金賞

《かすてら（紅芋・パイン・黒糖）セット》　技術優秀賞

◎第二三回沖縄の産業まつり（一九九九年）

《沖縄三密糖（サミット）》　沖縄県知事賞

「お菓子のポルシェ」の紅芋商品が県内にとどまらず、県外でも認められているということは、紅芋のおいしさが本土でも認められたともいえる。技術的な裏づけがなければ、評価されることもない。ポルシェ専務佐々木弘氏は、「常に技術革新しなければいけない」という。

「売り続けるためには忍耐力も必要だろうし、お菓子そのものも時代とともに科学に乗っかっていかないといけない。(形を）変化させない技術は、モノを作る技術とは違います。そういう技術を確保しなければいけません。形状変化をさせない方法でモノを作っていかないとだめです。

最近は砂糖が嫌われます。菓子から砂糖を取ることほど難しいことはありません。でも日持ちはしなくなるし、形状変化はする。砂糖を取ると水分補給ができなくなるんです。砂糖の量を落とすと水分が抜けていくのがどんどん早くなる。その砂糖を無くしなさいというのは苦しいです」

お菓子は甘味である。砂糖があるのは当然だが、健康志向という世の中の流れもあり、砂糖を極力押さえないといけない。その砂糖が日持ち、形状変化や補水に関係していることに驚いた。おいしいというバックグランドには、目に見えない技術革新の積み重ねがあるのだ。単純においしさを追求するだけでは品質を高め維持するということはできない。

代々受け継いだ菓子製造をしている零細企業であれば、継承された菓子製法を踏襲すればいいが、ある程度の規模の企業となるとそうもいかない。大量に生産しながらも、おいしさを維持するのは技術力が必要だ。それが菓子職人になるわけだが、沖縄は、その職人から養成しなければならない事情がある。

菓子職人のいない観光立県

「菓子職人は、沖縄にはほとんどいないんです。沖縄に菓子屋が少なくて、ほとんどの菓子製造会社は家族でやっていますよね。そのための専門学校に行くというのはない。コックは調理師学校とかありますが、沖縄には菓子の専門学校とかはない。だから菓子職人もいないんです。とくに和菓子職人はほとんどいません」

澤岻和子社長は菓子職人不足が頭痛のタネだという。生産を担当する佐々木専務も同感だ。

「菓子職人を育てないといけない。一人前に育てるのは十年かかるといわれています。しかし十年かけたんじゃ企業としてなりたちません。一、二年で一人前に育てるため技術指導もかわってきた。沖縄は歴史が浅いから職人がいないわけです。沖縄で三十年のキャリアを持つ技術屋はいないですよね」

菓子職人が沖縄にほとんどいないとは意外な事実であった。しかし、沖縄は約四百万人を超える観光客が来る。それを目当てに国際通りや空港にはお土産品店がずらりと並ぶ。お土産品店の店頭には、やはり土産菓子がメインに幾種類も置かれている。黒糖やちんすこうといった沖縄独特なお菓子もあるが、○○饅頭の○○を取れば、沖縄でなくてどこにでもあるような土産菓子も多い。これだけの菓子があれば、菓子製造も一大産業であっておかしくないはずだが、どうも違う。黒糖やちんすこうなどのお菓子を製造するメーカーはあるが、沖縄の製造業の中で菓子製造業の陰は薄い。

なぜ、菓子職人がいないか。佐々木氏の言うとおり、沖縄は菓子産業の歴史は浅い。戦前から細々とやってきた企業もあったとおもうが、県内で消費される量は限られていただろう。歴史が浅いということと、本土にあるような創業何百年の菓子の老舗がほとんどない。

観光産業に組み込まれた菓子製造業は空洞化している。空洞化というと語弊があるのかも知れないが、市場があるにもかかわらず菓子職人が少ないというのは、菓子製造業のこれからの発展を考えれば大きな問題である。沖縄の雇用創出を図るために、マルチメディア・アイランド構想などを進めているが、なぜ、すでに市場のある土産菓子に目をつけないのだろうか。菓子を県内ですべて製造すれば雇用も増えるはずである。土産菓子でも和菓子の需要もある。しかし、沖縄には和菓子職人が少なく、キャリアのある和菓子職人は皆無に近い。菓子の技術を学ぼうとすると県外の専門学校に入学するか、菓子店に就職するしかない。

沖縄県は、和菓子、洋菓子の菓子職人を育成し、業界をバックアップする必要があるだろう。また、同時に菓子業界自体も体質を改善し、経営戦略を強化することが求められる。地元にもっとシフトした店作りが必要だ。

銘菓への戦略

本土各地には銘菓がある。

◎山田屋まんじゅう／山田屋（愛媛県松山市・創業百三十年余り）◎とんど饅頭／虎屋本舗

（広島県福山市・創業三七〇年余り）◎栗きんとん、栗柿／南陽軒（岐阜県恵那郡付知町・創業百年）◎芭蕉、うさぎっ子／松むら（神奈川県中区・創業百二年）◎浅草餅／金龍山浅草餅本舗（東京都台東区・創業三百二十年）◎豆大福／初祖　岡埜栄泉（東京都台東区・創業百四十年）◎ようかん／虎屋（東京都港区・創業は一五〇〇年代）

それぞれに老舗としての風格があり、観光客相手というより、老舗として地元に根差し地元に愛されている店舗という印象が強い。

しかし観光土産品店が軒先を連ねている那覇市の国際通りに、銘菓と呼べる菓子屋はほとんどない。専門店として店舗を構えている沖縄の菓子メーカーはほとんどない。土産品店は、どこも同じような商品を並べ店舗としての顔がない。これからの菓子店は地元客も入る魅力を作る必要があるだろう。風格とオリジナル商品のある銘菓の老舗があれば、地元客であろうと、観光客であろうと行きたくなるはずだ。

一九九八年、国際通りに「お菓子のポルシェ」は直営店舗を構えた。「お菓子のポルシェ」は洋菓子も和菓子も売っているので、もちろん地元の人も入るし、観光客も入る。どういう店か知らない観光客は、「土産品店ではないけれど」と、不思議そうに入店するという。

「お菓子のポルシェ」は「沖縄の銘菓」になろうと努力しているのである。

「一番初めにやったところが強い。他がまねても元祖はやはり強いのです」

澤岻社長は、紅芋の菓子を沖縄の菓子メーカーとしてはじめて取り組んだ自負がある。それだけにとどまらず、企業戦略として「銘菓」作りを思考錯誤しながら取り組んでいる。沖縄の菓子メーカーにはない革新的な戦略である。

佐々木専務は、販売展開の難しさを指摘する。

「我が社が手がけたから『沖縄の紅芋』になったのです。沖縄の銘菓としてお買い上げいただいている。それが全国で販売したら、沖縄のお菓子でなくなってしまいます。銘菓というのは、全国的にばらまくのではなくて集中販売することです。我が社が伸びてきたのはそこにあるのです。販売エリアを広げて売上げが上がっても企業として育たない。集中販売しないといけません。広げ方を間違ってしまうと墓穴をほってしまう。お客さんがそこに来る価値をつくりあげることが大切です。できれば一、二店舗で販売したほうがいい。お客さんがここに来てもらわないといけない。どこにでもあっては銘菓として育たない。本土はそういうことでたくさん失敗しています。有名なある地方の銘菓A店は地元で売れたので東京で販売してしまった。そうなると銘菓ではないです。それから全然売れなくなった。その地方に行って買うからお土産なんです。そういう販売は我が社がやるべきではない。買いにきていただいてこそ銘菓です。お客さんに認めてもらえているわけです」

企業として販売を伸ばさないといけない。しかし、単純に販売額を伸すために店舗をどんどん増やせばいいというわけでない。佐々木氏は、目先の販路拡大のために店舗展開を間違えれば企業自体の存続も危うくなると難しさを語る。沖縄の銘菓になるためには、沖縄に来ないと買えないものでないといけないという。そのために「お菓子のポルシェ」では県内展開にとどめ、店舗数も極力押さえている。

おいしいが原点

「観光客が多いですね。レンタカーマップに広告を出しているものですから、レンタカーのお客さんがけっこう立ち寄ってくれます。今のお客さんはレンタカー、小グループのお客さんが多く、フリー時間が多いわけです。彼らは地元客が行くようなところ、いいものを探します」

わざわざ読谷の店舗を探してレンタカーの観光客が来店する現状を、宮城肇常務は分析する。団体客は旅行代理店が決められた観光コースをバスで行く。コースに土産品店があればそこで土産を買うこともあるだろうが、交通に不便なところ、あるいは遠方にある所にある土産品店をわざわざ訪れることはない。しかし、読谷村大木にある「お菓子のポルシェ」本社店舗まで場所を探し、わざわざレンタカーで観光客がやってくるのである。それだけ、沖縄の銘菓として認知されている証でもある。どこにでもある菓子ならば、わざわざ本店を訪れることもない。店の顔がちゃんとあるから、探してでもいくのである。

観光客だけではない。地元客も訪れ、紅芋商品などを買っていく。村おこしで特産品の紅芋の商品を開発したということで、学校関係の体験学習や修学旅行でも学生がよく訪れる。

「観光客も地元で売れているのはどれかなと勉強しています。地元に愛される店に行きたいわけです。本土の人はいろいろ勉強していますよね。子供たちが、『紅芋について勉強したい』と、よく当社に訪ねてきます。修学旅行の体験学習で毎年来店してくれる学校もあります。お礼の手紙とか、感想を書いた手紙が来るとうれしいですね」

小学生や学生の手紙に書かれている子供たちの屈託のない感想や喜びが、とても励みになると澤岻社長は、手紙を思いおこしながら語ってくれた。

地元に強く根づく「沖縄の銘菓」として、これまで積み上げてきた努力の結晶ともいえるだろう。伝統だからと過去にすがっていては、今後はない。過去のすばらしい点は踏襲しながらも現代にどのように表現するかが大きな進歩につながる。常に新しい技術や考え方の上に進歩がある。銘菓の少ない沖縄。歴史も浅い。だから挑戦しないといけない。

「沖縄に今までにないことをしているものですから大変です。紅芋にこだわらず、沖縄の農産物を使った沖縄銘菓を作ろうと考えています。沖縄のおいしいお菓子を作るというのが目標です」

澤岻社長は、紅芋商品の品質を高めながら、沖縄の産業振興のために、沖縄の素材を使った銘菓の開発を考えている。

さらに沖縄にはこれまでなかったお菓子の製造過程を見せながら販売する「御菓子御殿（う

くゎーしうどぅん)」の建設を考えている。首里城をイメージした外観の「御菓子御殿」では、これまでのノウハウを注入し、様々な新たな展開が考えられている。沖縄のどこにもない施設だけに建設までに時間がかかっているが、観光客だけではなく地元の人も楽しめる施設になるだろう。設立準備室長でもある宮城常務は施設設立に向けて抱負を語る。

「地元の人でも工場を見学したいんですよ。見学コーナー、体験コーナーも作って、県産品素材に親しんでもらいます」

これまでにない「御菓子御殿」や沖縄の素材を使った新商品の開発は、澤岻社長の原点にたどり着く。「焼き立てのアツアツのおいしいドーナツを食べてもらいたい」という創業時の澤岻氏の想いが込められているように感じられる。

「お菓子のポルシェ」は、将来に向けて「沖縄の銘菓」としての道を着実に歩んでいる。

【おにぎり処「越後」／沖食ライスサービス】

おにぎりは、料理だ

行列のできる店

平日の昼、ジャスコ北谷店をぶらりとのぞいてみた。

ジャスコ北谷店は、沖縄でもっとも活気のある街、北谷町「アメリカンビレッジ」にある商業施設の中でひときわ目立つ建物である。平日でも主婦層を中心にお客さんで賑わっているジャスコ那覇店をイメージして北谷店へ行ってみたら、お客さんがまばらであった。

郊外型店舗は土日、祝祭日、夏休みなどは入店客は多いが、平日はかなり少ない。郊外型店舗の宿命みたいなものだ。ジャスコ那覇店は、周辺に企業の事務所があり、昼人口もある程度あるので、平日でも賑わいはあるが、ジャスコ北谷店は周辺に企業の事務所もなく、商圏の昼人口はかなり少なくなる。周辺商業施設も、映画館、ゲームセンター、ボーリング場、ブティック、レストランと若者が好むアミューズメント系の施設が多くあるので客層も若く、ショッピングセンターのヘビーユーザーであるファミリー層は案外少ない。夏休みということで、十代、二十代が目立つが、どこのテナントもお客さんがまばらである。

一階をフロアのテナントを見ながら、食品のデリカテッセンのコーナーにいくと、ただ一軒だけ行列ができている店があった。六、七人が並んでおり、十代の女の子が目立つ。そこだけ賑わいがあるのだ。

不思議に思いながら、なんの惣菜の店かと覗くと、おにぎりの専門店であった。

おにぎりの専門店というのは、米所の本土にはあることは知っていたが、これまで沖縄で見たことがなかった。沖縄のショッピングセンターにもこんな専門店ができたのかと関心していた。閑散とするショッピングセンターにも関わらず、おにぎり専門店に行列ができている。なぜこんなに若い世代に人気があるのか不思議であった。おにぎりのメニューも豊富で、選ぶのに苦労する位である。しかもコンビニエンス・ストアと同じような値段で手頃である。

《メニュー》

◎のりワサビ	百二十円	◎高菜油いため	百二十円
◎おかか	百二十円	◎ツナキムチ	百二十円
◎豚肉しょうが	百二十円	◎鮭マヨネーズ	百二十円

◎ワカメ　百二十円
◎梅カツオ　百二十円
◎油みそ　百二十円
◎辛子メンタイコ　百二十円
◎ツナみそ　百二十円
◎紀州梅　百二十円
◎野沢菜（のざわな）　百二十円
◎豚おこし　百五十円
◎おこわ　百五十円
◎鶏おこわ（三百g）　四五十円
◎山菜おこわ（〃）　四五十円
◎豚キムチ　百二十円
◎鮭　百二十円
◎ツナマヨネーズ　百二十円
◎タマゴ　百二十円
◎ツナ昆布　百二十円
◎キンピラ　百二十円
◎焼肉　百二十円
◎豚しいたけ　百二十円
◎栗おこわ（三百g）　四五十円
◎赤飯　（〃）　四五十円

さっそく行列に並び、一番売れているものと店員お勧めのおにぎりを買って食べてみた。おにぎりを手にするとけっこう重量感がある。コンビニエンス・ストアのおにぎりのように平ぺったくなくて厚みがある。おにぎりを割ってみると具が全体にまんべんなく入っている。何よりも感心したのは米がおいしいということだ。購入して時間が経過して冷えていたが、米の一粒一粒がしっかりしていながら、適度にみずみずしさがあり、お米のおいしさが実感できる。

バサバサしていないし固くもない。それでいてふわっとしていて、噛むと口の中で米と具のおいしさがひろがっていく。はっきりいって、食べる前はそれほど期待していなかった。コンビニエンス・ストアなどで売られている機械で作られたおにぎりを少し良くしたものをイメージしていたが、見事に期待を裏切ってくれたのだ。米のおいしさだけでも食べれるおにぎりであった。沖縄にもこんなおいしいおにぎりを販売する専門店があるんだということがうれしかった。

十数年前、東京に上京し、はじめて新潟産のこしひかりを食べた時のことを鮮明に思い出した。これまで沖縄で食べた米とあきらかに違うのである。おかずなしで米だけでも何杯でもお代わりができるほどであった。

沖縄は、本土復帰が遅れたということもあり、本土からおいしいお米が流通してきたのはつい最近のことである。本土ではお米専門店が街のあちらこちらで見かけるが、沖縄ではまだ少ない。お米はスーパーマーケットで売られているものを買うのが一般的である。お米屋さんで、ブランド米を精米してもらうというのは、一般家庭ではあまりない。

沖縄初のおにぎり専門店

看板におにぎり処「越後」と書かれていたので本土企業のチェーン店かなと思っていた。確認すると沖縄の企業であった。店名からよく本土企業に間違われるという。運営母体は「沖食ライスサービス」で、お米の地元大手流通、沖縄食糧の百％子会社である。

沖食ライスサービスの古堅盛光社長は、「越後」の手作りおにぎりが受けている理由を説明する。

「プリマート・パワーズとよみ店では平日で、千個から千二、三百個販売します。ジャスコ北谷店だと、日曜日ですと少なくても二千個は超えます。二千個だと、機械だと二時間で作るんですが、当店では手作りなのでどうしても人手がいります。機械で押しつぶされてできあがるおにぎりと、ふっくらと素材をいかしたおにぎりと比較した場合、やっぱり人が握ったものはちがいます。コンビニエンス・ストアにあるものは機械で作りますので、型をおして流れていきますね。ポコンと真中に穴を空けるんです。そこに味噌など具をいれる。それで出来上がりです。それがスーパーマーケットやコンビニエンス・ストアで一般的によく販売されているおにぎりです。当社のおにぎりは、どこを割っても味噌などの具がある。満遍なく味噌がある。鮭でもサンドイッチ状態ですよね。これが若い人に受けています」

おにぎりというとコンビニエンス・ストアが思いつく。「越後」に若い十代の女の子が並んでいたのも理解できるし、彼女らが一番その味の違い、おいしさの違いがわかっていたともいえる。おにぎり一個の値段もほとんど変わらないのであれば、「越後」のおにぎりを選択するだろう。

「新潟県に湯之谷村というのがありまして、そこが、おにぎりであるとか、おこわとか、五目ご飯の素とか、おにぎりの具材を全国に販売しています。本土のデパートでも、湯之谷村がノウハウを提供して、おにぎりの店を作っています。たまたま、県内デパートの方から、『湯之谷村の指導でおにぎりの店を出店してみてはどうですか』という話をいただいたわけです。この話があったのが平成三年です。沖縄食糧は、その話を受けて子会社をつくり、お米がおいしいということを沖縄に普及させることになりました。お米がおいしいということを沖縄に普及させることが、米流通企業として必要だったわけです。

「越後」パワーズとよみ店

平成三年四月に『心亭ゆのたに』をスタートしました。店舗をオープンして、ずっと販売は好調です。まず材料ですよね。いいものを使う。材料も本土のおにぎり専門店が使う材料を使っています。おにぎりを作る基本は、全部湯之谷村から教えてもらっています。湯之谷村の専門の人たちが指導しています。本土でもそれだけ実績がありましたから、『沖縄の皆さんにもおにぎりのおいしさを伝えられる』と、スタートから自信をもっていました。結果的に安定した売り上げをしています。そして、おにぎりの専門店をジャスコ北谷店にオープンしました。おにぎり処『越後』を出店したら爆発的に売れ出したわけです。デパートだと買回り品が主ですから、ショッピングにきたという感じが強いですよね。ジャスコの場合、リゾートエリアというか、ショッピングというより、皆が集まって楽しむところです。そこで当店のおにぎりがおいしいと評判になったのです」

沖縄食糧は、地元大手の米流通企業である。米の扱いに関してはプロだが、おにぎりの店を構え販売するのは未知の分野である。小売り業者相手の卸と消費者相手の小売りとの違いは大きい。おにぎりの店舗を全国のデパートで成功させている湯之谷村のおにぎり店のノウハウが、「越後」の成功の大きなバックグランドになっている。

湯之谷村は、コシヒカリの産地で有名な新潟県魚沼地方にあり、駒ケ岳などがある越後山脈の麓にある。湯之谷村が積極的に都市部のデパートにおにぎりの店舗展開のノウハウを提供を働きかけている背景には、産地としてのブランドを高め、米や具材の販売を拡大する狙いがある。米の産地競争の激しさが垣間見える。

おにぎり専門店という沖縄では新しいビジネスをスタートさせたきっかけは、湯之谷村だったが、沖縄の大手米流通としては、米のアンテナショップ的な意味合いもあった。

「おにぎり専門店をスタートさせたのは、お米のおいしさを沖縄の消費者につたえようということなんです。お米というのは、日本の文化のベースになっているんです。全てにからんでいるんです。しめ縄にしても、もともとお米に関わっているわけですよね。お祓いでも全部お米です。でも沖縄の場合、本土と同じレベルにいっていません。お米の良さをつたえるというのが我社の大きな役割です。

おこわ、いわゆるもち米なんですけど、はたしてどれくらい受けるのか懸念していたんですが、逆におこわの評判がいい。北谷も、豊見城もそうですけど。『本土で暮らしていたんだけど、おこわが沖縄のどこにもないんだよね』ってね。『越後さんだけだよ』と言ってくれます。もち米を使いますので、蒸気が必要なんです。あの美味しそうな湯気が、店のイメージアップに貢献しているんです。作り立て、出来立てというイメージができる」

おにぎりは料理

おにぎり処「越後」は湯之谷村から注入されたノウハウが下地になっているが、本土と沖縄の洋服の感覚が違うように、そのままでは沖縄のマーケットには合わない部分もある。本土と食文化が違う。沖縄の消費者にあわせて「越後」オリジナルのメニューを加えている。

古堅社長は、久保田清春店長のシェフとしての能力が「越後」のオリジナル性を高めているという。店長の久保田氏は、もともとレストランのシェフで洋食を作っていた。

「これだけいろいろなメニューがあれば、『昨日はこれだった』『今度はこれにしよう』ということができる。三十種類くらいあるから、お客さんは飽きがこない。
沖縄の食べ物はうす味ではだめですが、濃い味だけでは飽きられます。この辺の兼ね合いでしょうね。お客様にいつも召し上がっていただくためには飽きがきたら困るんです。
ジャスコ北谷店に出店する時に、久保田さんに店長で行ってもらって、評判良かったんです。それでプリマートさんから『パワーズとよみ店もやってくれよ』という要請があり、ジャスコ北谷店のノウハウを、そっちでも再現しました。これも久保田店長に来てもらい、彼の指導でやっています」

店長の久保田氏にシェフとしての腕があるからこそ、これまでのおにぎりの常識を超える様々なメニューをつくり出すことができるのである。沖縄の代表的食材であるゴーヤーをつかったおにぎりなど、本土のおにぎりには見られないメニューを開発している。おにぎりという枠を超えて、「料理」としておにぎりを考えている。

「来店する方は一度は当店のおにぎりを食べています。ゴーヤーとか出してますよね。毎日できるわけではないんですけど、手が空いたときに作ります。お客さんは一度食べたものだから、『これ、ないの?』と来店するんですよ。こうした単発メニューというのがあり、リクエストに答えて作って差し上げたいんですけど、手がまわらないこともあります。通常おいているメニューと、イベント的に出すものがあります。お客さんは個人個人、好きなものがあります。

それを目当てにくる。『あれはないんですか』とお客さんが聞いてきます。『何ですか』と聞いて、チョット待って作る。結構時間がかかるんです。全部手作業ですから『二、三分待っていただけますか』とお客さんの要望に応えるようにしています。結構、そういうことが多いものですから、にぎるのが大変なんです。

頼まれて買いに来るお客さんもいます。携帯電話を片手に買うんですよ。誰かに頼まれてきたとおもうのですが『店に来たけど、今日はないみたいよ』とやりとりする。年配の方は、おにぎりというと、マチヤグヮーにある二個入りでいくらというものをイメージする。セロハンで包んだものを見たことがない人が多いもんですから、見た感じ、おしゃれにみえるのも、受けている要素のひとつだと思います。

具と御飯のバランスが難しいんです。いい米でしたら、ご飯だけでも食べれますけど。いい米でも具にマッチしないと、バランスがとれなくなる。たかがおにぎりと思うかもしれませんが、難しいんですよ。例えば『鮭マヨネーズ』といっているけど、ただ鮭にマヨネーズに交ぜているのではないのです。マヨネーズを引き立てる工夫をしている。ただ、マヨネーズが入っているわけではないです。マヨネーズをそのまま入れると、溶けちゃうんですよ。とくにこってり感を残すために何かちょっとした工夫を入れているわけです。味噌でも、ただの油味噌ではなくて、ツナをいれたりしてオリジナルの油味噌を作ります」

「おにぎりは料理なんだ」という言葉に納得した。既成のおにぎりという狭い枠内で考えてい

古堅盛光社長（左）久保田清春店長

ては、本土にたくさんあるおにぎり専門店と同じである。沖縄はジューシーのおにぎりがある。本土の人が見れば、おにぎりというよりピラフに近い感覚だろう。そういう沖縄の感覚をおにぎりの世界に持ち込むというアイディアは、おにぎりを一品料理として考えるシェフの感覚があるからだ。

「久保田店長は、たんにおにぎりをにぎっているつもりではない。料理として作っている。それが違いになる。彼は『料理をしている』のです。通常のおにぎりではなくて、おかずという発想なんです。常に地元のお客さんに、どう喜んでいただけるのかを考えている」

古堅社長はそう証言する。

久保田店長はできるだけお客さんの要望に対応できるようにしている。お客さんとのやりとりが固定客につながるし、消費者のニーズをつかむことにもつながっている。定番のおにぎりを作るのも必要だが、飽きさせない工夫やニーズに細やかに対応するかが、おにぎり専門店には必要である。「越後」には久保田店長のお客さんに対する気遣いが感じられる。同時に、スタッフが効率良くおにぎりを作るために工夫をこらしている。

「やり方としては、おにぎりの型とか工夫しています。女性スタッフだけでやるものですから、いかに能率的にするのかが問題です。おにぎりの型はそのため特注品なんです。女性スタッフが、誰でもやれるように能率的にやりやすくしました」

さまざまな工夫を重ねながら、オリジナル性をどんどん高めている。新潟湯之谷からノウハウは学んだが、「越後」で開発した新しいノウハウは、逆に本土や海外でも活用できるのではないだろうか。特に東南アジアでは、沖縄の食文化とともにおにぎり処「越後」の海外進出も夢ではない。

おにぎりが広告塔

「お米もそうですけど、炊き上げるとき重要なのは水ですね。水は大事ですよ。それによって、米の品質は絶対によくなってきます。また機械で圧縮し整形するのでは、いいお米も良くなくなってしまう。炊きあがりも気をつけています。湯之谷村から指導をうけたとき、原材料費は販売価格の四〇%以下に設定するようにいわれました。しかし、当社の原材料費は五〇%を超しています。原材料費が販売価格の五〇%を超すということは通常飲食業ではありません。薄利多売とよくいうじゃないですか。薄利多売でも、安いものをそれなりの価格で売ろうというのではなくて、利益はなくても、魅力のあるいいものをお客さまに提供することによって信用を得ることができるんです。そういうのがあっていいじゃないですか。最初から、儲け儲けとあんまり言うなといっている。お客さんに喜んでもらう。それがビジネスです。一番大切なことです。『あそこのお米はおいしい』。そうすると、おにぎりがある意味では、宣伝広告費とおもっていいわけです。どんなに広告費をかけても、どんなにイメージの良い広告を作っても、肝心のおにぎりが悪かったら駄目ですよね。おにぎりを作るために材料費がかかっていても、宣伝広告費が材料費にかかっているとおもっていいわけです。どんな広告宣伝よりも、おにぎりが一番の広告宣伝になる。ですから、当社のおにぎりは具が多くなるわけです。『こんなに具が入っている』ということがお客さんに浸透していけば、息の長い仕事ができるのではないでしょうか。

『越後』は何の目的で出来たのか。何のためにあるのかというと、『お米はおいしい』ということを沖縄に伝えるためです。沖縄のひとはよく『島米がおいしかった』と言うじゃないですか。昔はお米がなかなか食べれなかったという背景があります。具合が悪いときにしかお粥が食べられないとか。だからご年配の方々は、特に島米への愛着というのが今でもあります。輸入米が入っていた本土復帰前は、島米は確かにおいしく感じられた。ところが今、本土からおいしい米がたくさん入っています。それでも、年配の方は、復帰前のあの時のおいしかった島米という記憶があります。同じように、今供給している米を県民の皆さんに『おいしい』と感じてもらい、記憶に残ってもらえるようにするのが当社の役割です」

原価が五〇％を超えるというと、採算面でも厳しい面がある。人件費や家賃などの経費がかかってくる。しかしお米の流通に関わる企業として、できるだけおいしいお米を食べてもらいたいという狭間で企業努力を重ねている。採算ベースから考えれば、原価を押さえるべきだが、長い目でみれば得策ではない。採算を重視するあまり品質を落とさないといけない。そうなるとコンビニエンス・ストアのおにぎりと大して変わらないものになってしまう。シンプルな食べ物ということもあり、原材料であるお米や具材の善し悪しが味に大きく影響を及ぼす。そうなるとわざわざ「越後」で買うこともない。おにぎり専門店という看板を掲げる意味もない。おにぎり専門店という看板に恥ないものをお客さんに提供しなければ、お客さんも納得しないし、わざわざ買いに来ないだろう。

広告宣伝費にかけるお金を、原材料に投入したと考えればいいわけである。お客さんはおいしいと思えば、勝手に口コミで宣伝してくれる。客が客を呼ぶのである。古堅社長がいうようにおにぎりが宣伝広告塔の役目を果たしているのだ。

お米の流通が遅れた沖縄は、本土のおいしいお米がはいって来たのは最近のことである。本土と比較して米に対するこだわりがあまりない。私が東京で本場のお米を食べたときのことを鮮明に覚えているように、小さい頃に食べたおいしい記憶はインプットされ永遠に残るはずである。特に若い人たちや子供たちが、その味を記憶すれば、お米にたいする認識も変ってくるだろう。

「当社の特徴は、お米券でおにぎりの精算ができるということです。主婦の皆さんは割合、お米券をもっているんです。お米券は五四〇円なんです。おにぎりを四個買うと三六円お釣りがくる。使いみちに困っている一枚のお米券を活用できるので、主婦の方に喜ばれています」

お米券はJA、全糧連、全米商連共同組合が三つがある。一枚でもお米券を使えるように工夫したり、お米に関する情報が書かれているパンフレットを店舗に置いたりと、細やかなサービスも忘れていない。

お米は生鮮食品

沖縄では、コシヒカリ、ササニシキ、ひとめぼれ、あきたこまち、日本晴などがブランドとして知られているが、全国には様々な品種が作付されている。それだけおいしいお米を作ろうと品種改良をすすめてきたからだ。ちなみに、日本で一番生産されているコシヒカリは、ササニシキの叔父さんに当たる。最近よく聞くあきたこまち、ひとめぼれもコシヒカリの血をひいている。ちなみに沖縄は、東京に次いで生産量は少ないが、チヨニシキ（県内生産量の九〇％）、ひとめぼれ、コシヒカリが生産されている。

おいしい米を食べるには、お米の品種、水、炊き方だけが問題ではない。

「お米は精米したてがおいしい。こまめな主婦は、家族で食べるに小分けして冷蔵庫に保管しています。冷蔵すると品質が落ちないんですよ。常温で暖かいところや水気のあるところに置くと品質が悪くなります。お米は生鮮食料品ですよ。夏場、そのままほったらかしにしているとすぐ悪くなる。カビもするし、劣化が早くなる。野菜がしなるのと同じです。米は、年に一回、秋に収穫する。常温で置いておくと二カ月でだめになります。低温倉庫で、だいたい一五度くらいのところにおいているから、年中おいしいお米をいただけるわけです。保管の仕方は大切です」

「米は生鮮食品」という古堅氏の言葉が意外であった。米は保存がきくものという感覚がつよい。夏場で気温や湿度が高かろうが、あまり関係ないと思っていた。米が野菜と同じようにデリケートな生鮮食品であることを意識しないで食べていたということは、知らず知らず米をまずくして食べていたということである。

米の収穫時期は秋九月である。低温保管していても月日がたつと古米化が進む。夏場はさらに気温もあがり、米の劣化も早くなるので精米して二週間ほどがおいしくいただける目安になる。生鮮食品という感覚でお米を扱えば、おいしさを十分満喫できる。

たかがおにぎり、されどおにぎり

「越後」の定番メニューは二〇種類。定番メニュー以外に新しい商品をださないといけない。おにぎりに店長が様々な料理の要素を加えながら商品開発をしている。試作品をつくり、マーケティング調査をしながら検討してから店頭に新商品を出しているのかとおもっていたが、店舗でどんどん試作品をつくりテスト・マーケティングしていると古堅氏は語る。

「パッと作ってみて、気軽に『これどうか』というふうに検討しています。どんどん試作品を出してスタッフで味見して、この味ならいけると思ったら店頭に出します。そういうものがスポット的に出ていく。大げさに構えることではなくて、お客さんの反応をダイレクトにみる」

どんどん新しいメニューが出てくるから、固定客も飽きないし、新商品から定番メニューがでてくる。コンビニエンス・ストアだと、新商品をどんどん出すことはできない。新たなマーケティング調査も必要だろう。「越後」の場合おにぎり専門店だから、ダイレクトにお客さんの反応を感じることができる。専門店の利点を活かした商品作りをしている。

お客さんが、新しい利用方法を考えてくれることもある。

「シーミーの時、注文はありますよ。みんなで出掛けるときに、おにぎりをもっていくんです。『パックにいれて、何人前ください』と、おこわの注文があります。実際にピクニックにも使っているようですね」

着実におにぎり専門店として固定客をつかんでいる「越後」であるが、今後の展開が気になる。古堅社長は、独立した店舗での展開は現在は考えていないという。ジャスコ具志川店、リウボウストアに出店を計画している。

「おにぎりという商材をどう皆さんに提供できるか。そう意味では、ショッピングセンターの中の専門店という位置づけでやりたい」

おにぎり専門店は、沖縄ではまだ新しいビジネスである。より多くの人に知ってもらう必要がある。その点、集客が見込める郊外大型ショッピングセンターに展開していけば、一気に認知度が高まる。認知度が高まれば、おにぎりビジネスに新規参入する企業も現れるだろう。そうなれば、独立店舗として展開してもリスクは低くなる。おにぎり処「越後」が独立店舗として展開するかどうかは分からないが、他にも様々なおにぎり専門店や米屋が出来れば、お米のおいしさを伝えることで始めた「越後」の役割はその目的を達成したといえるだろう。

古堅氏は、ある人から「おにぎりだけでビジネスできるのか」と感心されたという。一個百二十円のおにぎりであるが、そこには一流フランス料理と同じような工夫があり、感動がある。米の一粒一粒に歴史や物語があるのだ。

たかがおにぎり、されどおにぎりである。

【プラザハウスショッピングセンター】

世界の本物に出会えるショッピングモール

歴史のあるショッピングセンター

那覇市から国道58号線を北上していくと、ちょうど宜野湾市の大山あたりから、だんだん街の空気が変わっていく。英字の看板が目ち、広大な米軍の基地が広がってくる。本土化する那覇市の街並みとは異質な雰囲気がただよう。国道330号線を北中城村屋宜原から沖縄市に向けて、椰子の木の並木通りの長い坂道を車でいっきにのぼると右手に泡瀬ゴルフが見えてくる。ライカム交差点を少し越えれば沖縄市に入る。そのまま交差点を直進し、ゆるやかな左カーブの坂道をいくと、忽然と右手に茶色の大きな建物が姿を表わす。

それが一九九七年七月にリニューアル・オープンした「プラザハウスショッピングセンター」である。その大きな建物部分の横を通り過ぎ、信号を右折すると車の出入り口になる。駐車場が手前にあり、広い空間が目の前に開ける。建物に沿って車が停められてる。店の手前にすぐ車を駐車することができるのだ。片道二車線の国道３３０号線に隣接し、ゆったりとした空間と異国情緒あふれる独特な雰囲気は、海外のショッピングセンターを思わせる。

二十代以下の若い世代や那覇・南部の人にとっては、北谷にあるサンエー・ハンビータウンのほうが「プラザハウスショッピングセンター」より先にできたと思われているかもしれない。しかし「プラザハウスショッピングセンター」は、戦後沖縄の時代とともに歩んできた歴史のあるショッピングセンターである。

「プラザハウスショッピングセンター」は一九五四年、ドル時代に創業した。今年で創業四六年を迎える県内では先がけのショッピングセンターである。つまり、現在、県内にあるどの郊外型ショッピングセンターよりも歴史があるのだ。年配の方にとってはプラザハウスは舶来物が買えるところという印象があるだろう。

創業当時の写真を見ると沖縄の当時の様子と「プラザハウスショッピングセンター」の斬新さが強烈に交錯している。「プラザハウスショッピングセンター」以外の建物はあまり見当たらない。瓦屋根の民家がぽつりぽつりとある程度である。「プラザハウスショッピングセンター」が原野にポツンと建っているような感じだ。当時の沖縄は、戦後まだ十年にもならない戦後復興期のまっただなかであった。その時代に、沖縄にはすでに郊外型ショッピングセンターがあったのである。日本国内でも歴史のある郊外型ショッピングセンターであるといえよう。

店舗が敷地の奥にあり、手前に駐車場があるスタイルは、今と全然かわらない。当時の時代を映すように、今ではマニアが喜ぶようなクラッシック・カーが所狭しと並んでいる。ショッピングセンターだけみれば、まさにアメリカである。

もともと「プラザハウスショッピングセンター」は、沖縄に駐留する米国軍人やその家族のためのショッピングセンターとして建てられたものである。お客さんはもちろん米国人。店員は英会話ができないといけなかったという。

沖縄発、本土行き

一九五六年に、地元客にも開放し販売もはじめ、六〇年には、本土からの団体観光客の受け入れが始まった。当時は、ショッピングセンターは限られており、輸入商品を揃えるところは「プラザハウスショッピングセンター」くらいだった。米国の施政権下に置かれていた沖縄は、本土から見れば外国である。輸入品が規制されていた本土でも輸入品は現在のように豊富にない。「プラザハウスショッピングセンター」には輸入品が豊富に取り揃えてある。沖縄が新婚旅行のメッカであった頃、輸入品は飛ぶように売れていた。

こんなエピソードがある。本土の観光客が買いものしたのはいいが、買った荷物がバスに入らない。後で店員が、トラックに買った荷物をお客さんの滞在するホテルまで運んでいったという。お土産の一人当たりの購買単価がここ十年近く伸びない今では考えられないような、うらまやしい話である。それほど、本土でも手にはいらない魅力的な舶来品が「プラザハウスショッピングセンター」にはあったということである。また、大手ファースト・フード・チェーンの店舗が、同ショッピングセンターに出店し、当時の国内一位の売り上げを記録したという。

プラザハウスショッピングセンター

「プラザハウスショッピングセンター」は直営店舗、テナントも含め、店舗を次々と増やし、基地内にあった輸入ファッションの「ロージャース」が直営店舗として加った。「ロージャース」は戦後間もないころ、東京にオープンし、駐留米軍の将校クラスや皇室など、当時のアッパークラスが顧客だったという。日本本土が施政権を取り戻すと同時に、まだ米軍の施政下に置かれていた沖縄の米軍基地内に移ってきたのだ。当時の写真を見るとデパートということもあり、モダンな建物である。その後、「プラザハウスショッピングセンター」に店舗を移し、現在のような店舗が横に広がる独特のスタイルのショッピングセンターが出来上がった。「ロージャース」のマネージャーは外国人で店員は英会話が必修であった。店員募集に応募が殺到し、面談はモデルのオーディションのようだったという。店舗の閉店時間には、ショッピングセンターに沿って車がずらりと並んでいたという。美人店員の彼女をお迎えに来た車だったのだ。

現在、日本に入っている海外の有名ブランドで、国内で最初に輸入販売したところが「プラザハウスショッピングセンター」だったのである。最先端のファッションが、東京ではなく沖縄から発信していたのだ。

例えば、「ロージャース」にスイスの有名ブランド「バリー」がある。本土の価格より、安く設定されている。税金が特別に本土より安いからではない。もちろん平行輸入でもない。なぜ安く価格を設定できるのかというと、バリー・ジャパン設立以前からバリーと直接取り引きしていたからだ。日本で唯一、本国のバリーから正規ルートで直接商品が入るのである。だから、独自の価格が設定できるのだ。世界に名が知れたメーカーから直接商品が入るという意味は、それだけ「ロージャース」に歴史と信用があるということである。

現在、北谷や県内各地の繰り広げられる、本土大手と県内大手の流通の競争の中、次々と大型のショッピングセンターが建てられている。しかし、「プラザハウスショッピングセンター」は背景と歴史が違うのだ。東京発信のつよい流通業界であるが、そのなかでも、沖縄から発信してきたのが「プラザハウスショッピングセンター」である。「沖縄発—本土行き」という県産品のキャッチフレーズがあるが、流通業界では、すでに行なわれていたのだ。この事実は、あまり知られていないし、評価もされていない。だが「プラザハウスショッピングセンター」は、このように沖縄にとって歴史的価値のある商業施設なのである。あまり近くて、その存在の大きさに気がつかない。

ワン&オンリー

「良いものを見るチャンスがないと、本当に良いものかどうか理解できないと思います。お米もそうじゃないですか。ずーと古米を食べていると、これがおいしいお米と思い込んでしまう。沖縄も復帰してササニシキやコシヒカリとか本土でもおいしいと言われる新米が食べられるようになった。今、古米を食べなさい言われたら『チョット待って』となってしまう。それと同じことです。せめて、沖縄にひとつくらい、そういう場所があってもいいのではないかと思います。良いものを見たり、出会えるという場所が……」

プラザハウスの平良由乃専務は、「プラザハウスショッピングセンター」のコンセプトである「ワン&オンリー」の源泉を熱く語ってくれた。平良氏は、あらゆる国の人と対等にビジネスをする情熱的でパワフルなキャリアウーマンである。女性が憧れるだけのカリスマ性をもっている希有な人物だ。女性だけではなく、男性も引きつけられる人間的に魅力がある。

彼女が作ろうとしたものは、本物に出会う場の創出である。

「百聞は一見にしかず」という諺があるが、一流を知るには、一流のものを実際見たり聞いたりすることが確かである。一流のものに出会えれば、本当に良いものなのか悪いものなのか判断できる。骨董品を鑑定するテレビの人気番組がある。鑑定師は瞬時にそれが偽物か本物か見抜いてしまう。骨董品に対して相当な知識も必要とするが、それ以上に本物をいくつも見てきたから、瞬時に真贋を判断できる。いくつもの本物を見ることにより、その人の感性が自然と鍛えられるのである。ある鑑定の達人の口癖「良い仕事していますね」は、作品に作者の想いや魂、あるいは人生が感じられるからこそ言える言葉だろう。

ただ、良いものや本物は、世の中には沢山ある。もちろん沖縄にも日本にもある。仮に、本土にある名の知れた一流ブランドを、そのまま持ってきても県内にあるデパートと同じになってしまう。やはり、「プラザハウスショッピングセンター」の成り立ち、歴史を踏まえる必要があるだろう。同ショッピングセンターに行かないと手に入らない商品を揃えることが、独自性のスタイルを構築することになる。

「『アクアスキュータム』はロンドンでも最高級の老舗です。英国王室をはじめ顧客はそうそうたる方々です。そのアクアスキュータムの『メイド・イン・ロンドン』を扱うのは、日本では、プラザハウスとロージャース特選館のみです。アジアにおいても台湾の一店舗のみで、それ以外はライセンシー契約による日本製と中国製です。ライセンス商品といえどもブランドゆえ決して安いものではありません。きっちりとした縫製と熟練のカッティング。流行に左右されない正統派のスタイル。イギリスの端正な仕事でつくりあげたコレクションは東京でも手にはいりません。ぜひ『アクアスキュータム』を手に触れて本物の上質を知ってください」

「アクアスキュータム」は鉄の女といわれたサッチャー元首相も愛用している英国を代表するブランドである。そのブランドの英国製は東京では手にはいらないのである。日本では、沖縄の「ロージャース」でしか手にはいらないのだ。「ロージャース」がそれだけ直輸入の実績と歴史をもっている象徴的な事例である。沖縄県民が誇るべき事実だが、あまり知られていない事実である。

英国メイドとライセンス物。同じブランドでも、やはり、作る国の特徴が出てくる。本国で作られたものは違うと平良由乃専務が強調するように、本物には、その国の文化が込められているのである。良いものを実際触れたり見たりすることで、商品は単なる物でなくなる。何かを語りかけるのだ。その商品を作るデザイナーや職人の考えやストーリー、あるいは息づかいまで感じとれる。そこに本物と出会う喜びがあるのだ。

「プラザハウスショッピングセンター」の開発コンセプト「ワン&オンリー」は、そのような背景から生まれてきたのである。培った歴史と豊かな個性が創造する「ここにしかない、唯一の」商業施設の開発が命題であった。このコンセプトは、前出の平良専務が中心なり独自でつくり上げたものである。借り物のコンセプトではない。コンセプトの言葉一つ一つに平良氏の思いが込められているのである。「ワン&オンリー」の基本コンセプトに、商業施設、スタイル、顧客のコンセプトの次のように展開している。

Fair Mall「Attitude」

◎「人々が出会うステージ」　フェアモールが目指す商業施設。

▼良質な生活シーンをサポートする個性的な店舗の集合体。おいしいこと、おしゃれなこと、暮らすこと、それぞれのライフスタイルに夢や憧れの実現を提供。▼世界の文化や香りを常に受けいれワールドワイドな視点で情報、感性、流行を発信する拠点地。▼生涯顧客へのサービスを有し、自然感覚豊かなゆとりのある環境の中、人々が集い、出会うヒューマンスケールの商業施設。▼観光都市沖縄の象徴的商業施設として県内外の広い地域にも知られる存在。沖縄市南の玄関口として都市環境の核となる。

Fair Mall「Style」

◎「オープンモール、ゆとりの環境」　フェアモールのスタイル。

Fair Mall「Customers」

◎フェアモールのお客様は「生活を愛し、夢のあるライフシーンを描く人々」。

県内にはない、物まねではない商業施設を作ろうとする意図がコンセプトから読み取ることができるはずだ。それぞれのイメージコンセプトは実にユニークであるし、なによりも特筆したいのは、オリジナルのコンセプトということである。通常、郊外型ショッピングセンターを作る場合、ディベロッパー（開発会社）は、コンサルタントに依存していまい、コンセプト作りもお任せになってしまう。そうなると、コンセプトが一人歩きしてしまい、実際出来上がったものとの乖離が大きくなる。コンセプトが言葉遊びになって、どこかにフッ飛んでしまっている場合が多い。県内の商業施設のほとんどに見受けられる。

たかがコンセプトと思われるかもしれない。しかし、コンセプトにはその商業施設が何をめざすのか、その方向性が見える。つまり、経営方針、運営方針の根源となるものである。十分に練り上げなければ、当然、経営、運営にも大きく響いてくるのは間違いない。

「プラザハウスショッピングセンター」には、県内唯一の外国商品専門店であるプラザハウスや本格的中華（広東）料理が味わえる月苑飯店（げつえんはんてん）など、個性的な既存の店舗がある。さらにパワーアップする新施設部分がつくられた。新設部分のフェアモールは、地上一階から三階までが商業・飲食施設になっており、地下一、二階は駐車場になっている。「ロージャース」を核店舗にフロアはNorth（北）、South（南）にゾーンコンセプトがある。そのコンセプトに沿ってテナントが入っている。

【グランドフロア】
◎プラザハウス本店　◎ロージャース特選館　◎月苑飯店　◎レストラン「ティボリ」
◎ケンタッキーフランドチキン　◎セニュールターコ　◎31アイスクリーム
◎タトルブックストア　◎A&W　◎沖縄ツーリスト　◎ビューティーサロン「高」
◎グッドワールドメガネ
【フェアモール1階】
◎ロージャース　◎ピンクハウスワールド
◎クニオコレクション　◎グルメマート「イバノ」
【フェアモール2階】
◎ロージャース　◎アキュート　◎ロココパリ　◎カフェジュバラ　◎カルサドール
◎プレゴ　◎ポコ・ア・ポコ　◎ジュエリーKOZAサロン　◎わちふぃーるど　◎ミスV
◎トリンプショップ　◎ホットポット　◎プラザホール
【フェアモール3階】
◎サムグッディ（CDストア）　◎テクモピア（アミューズメントスクエア）
◎ケニーズ（ビアレストラン）　◎サボナ（ステーキ&シーフード）
◎膳や参城（天ぷら・おすし）　◎ニチイ学館　◎カイト（イタリアンレストラン）

ワンランク上の商業施設を目標に掲げているだけに、一店舗一店舗、それぞれ個性を持っている。「プラザハウスショッピングセンター」全ての店舗が専門店といってもいいだろう。

消費行動のターニング・ポイント

消費の多様性が以前から言われているが、沖縄の場合これからだろう。その分岐点になるのが北谷町の「アメリカンビレッジ」である。

「アメリカンビレッジ」は、沖縄の自然をいかしたリゾート環境、ショッピング機能、生活機能を併せ持った楽園都市をつくろうとするものである。生活者にも、「アメリカンビレッジ」を訪れる人も楽しめる快適なくつろぎ空間を理想としている。背景には、基地返還に伴う地域の整備と総合的開発がある。

ハンビー地区に一九九〇年サンエー郊外大型ショッピングセンターが出店。九八年には、本土大手流通のジャスコが県内では二店舗目になる店舗を美浜にオープンした。美浜にはDIYのメイクマンをはじめ、映画館やゲームなどアミューズメント施設、ファション、レストラン、ファーストフード、雑貨など、周辺地域を含めるとあらゆる業種が次々に出店してきた。これから、遊園地やリゾートホテルの立地が予定されている。

若者や家族連れが流れ込み、土日祝日は、車が渋滞するほどである。北谷町の九七年の年間販売額は、四百億円と伸び率は県内一位である。一大商業地域が形成され、「アメリカンビレッジ」は地域開発の手本になった。同時に、これからの県民の消費形態に大きく影響を与えるものと考えられる。

沖縄は、本土に復帰して、本土からさまざまなものが入ってきた。那覇市に本土大手のスーパーマーケットのダイエーが入って来たときは、黒船来襲のような騒ぎであった。それに対抗するように県内スーパーも、郊外大型ショッピングセンターを作る。最近では、ジャスコが小禄、北谷に出店し、スーパーマーケットの隙間を埋めるように、コンビニエンス・ストアの出店ラッシュが激しさを増している。マス・マーケットの部分での消費は、本土、地元量販を中心とする競争で、飽和状態に達してきている。仮に沖縄にまだ出店していない本土大手のイトーヨーカ堂が出店してきても、業界は別にして県内の消費者は格段に驚きもしないだろう。これからも、どんどん出店はあるし、流通の再編が起きてくるのは間違いない。

沖縄は、本土からみれば遠隔地ということもあり、流通が遅れていた。本土流通が本格的に進出することにより、品揃えされている商品も、全国どこにでもあるようなものが多く並ぶようになった。同時に、本土から、これまで沖縄には馴染みがなかった商品が流入してきた。沖縄はやっと消費の多様化が始まり、消費の転換が起ころうとしている。

北谷町「アメリカンビレッジ」に行けばわかると思うが、複数の店舗を回遊し、ゾロゾロと歩く若者や家族連れが目に付く。縁日のような感じもする。何かを買うというような物主体の消費ではなく、時間の消費にシフトしている。物を買うにしても、郊外大型ショッピングセンターが当たり前になっているので、多くの品揃えの中から選択できるようになった。北谷町美浜の「アメリカンビレッジ」が、消費行動のターニング・ポイントになる。

消費の多様性に対応するには、物でも付加価値が求められる。ブランド品でも単純に揃えては売れない。そこでしか買えないものであるならベストだが、物以外の要素も組み合わせが必要になってくる。県内のショッピングセンターでも、これからは形態も中身も特色や独自性をもたなければ差別化できない。その新しい形のショッピングセンターが、九七年にリニューアルオープンした「プラザハウスショッピングセンター」と言えよう。

建物も商品の一つ

郊外型の大型ショッピングセンターというと、箱形で屋上に駐車場があるというイメージがある。しかし、ショッピングセンターは、どうして同じような箱形のビルにしてしまうのだろうか。疑問に感じた人はいないだろうか。箱形ショッピングセンターしてしまうには、大体三つの理由がある。

◎土地の効率的利用　◎駐車場の確保　◎建築コストの軽減

一日に何千人が利用する郊外型ショッピングセンターには、どうしても千台前後の駐車ができる駐車場確保が命題になる。同時に何万平方メートルの広い売場も確保しないといけない。広い土地があればいいのだが、郊外といっても土地は限られている。それで、商業・飲食施設の上のスペース、屋上を駐車場にするのだ。これで土地が無くても駐車場が確保できる。同じ土地の効率的利用と駐車場を確保するのならば、屋上ではなく、地下に駐車場を作ってもいいのではないかと考える。しかし、地下駐車場をつくると屋上駐車場よりコストが数倍かかる。地下駐車場は、換気などの設備投資が必要になるからだ。

どうしても、初期投資を押さえたい場合、建築コストも押さえ屋上に駐車場を作ってしまう。だから、同じような箱形の建物になってしまうのである。建物が入り組んだ複雑な形よりも、四角の箱にしたほうが効率がいい。ただし、建物がビジネスビルのように無機質で個性がなくなり、独自のスタイル、イメージを造り出す場合には不向きである。演出、見栄えが犠牲になる。大量の集客と大量販売の量販は、どうしても、そのような効率重視の形態をとらざる得ないのだ。

以前、沖縄の工芸品を売る「鍵石・きーすとん」を取材したときに、器・店構えの重要性を認識した。消費者は店構えも商品の一部として考えている。ディスカウントストアならいざ知らず、店の信用やイメージの演出を図るには、店舗の器は大切である。

「プラザハウスショッピングセンター」の中に一歩足を踏み入れると、広いエントランスとオープンモールに圧倒される。通路が広く、贅沢な空間が広がる。店舗の一つ一つが独立していながら、それぞれの特色を出しながらも融合している。ゆったりとしたリゾート感覚があると同時に、なんとなく懐かしい感覚が蘇るようである。それは、オープンモールのせいだろう。時間で映り変わる外気や日差しを肌で感じることで、沖縄を感じることができるのである。仮に、オープンモールでなく、完全に外気と遮断された空間ならば、亜熱帯のリゾート感覚や沖縄の懐かしい空間は演出できなかっただろう。これは他のショッピングセンターにはない、贅沢な空間であるし、オープンモールが大きな特徴になっている。

ゆったりとしたオープンモール

「プラザハウスショッピングセンター」は、九八年に第十一回ショップコンペティッション（主催・財団法人店舗システム協会）で県内では初めて優秀賞を受賞した。同ショッピングセンターのコンセプトやデザインが全国レベルで高く評価されている。

次世代型のショッピングセンター

「プラザハウスショッピングセンター」は次世代のショッピングセンターである。規模が違うが、東京都渋谷区にあるサッポロビールの恵比寿ガーデンプレイスと類似する部分がある。

一九九四年にオープンした恵比寿ガーデンプレイスは二万五千二百坪の広大な工場跡地に商業施設、文化施設、映画館、ホテルから、住宅、オフィスビルまで備える複合商業施設である。施設というよりひとつの街だ。巨大な屋根がついた広場があり、のんびりと過ごせる雰囲気がある。何よりも特徴的なのは、飲食施設の割合が、ほかの複合施設よりも高い。中華、フランス料理、和食、インド料理、やきとり、居酒屋、バー、焼肉、そば、鉄板焼き、すし、ラーメン、パスタ、カフェテリア、カフェ、ベーカリーカフェ、喫茶がある。ホテルや映画館などを含む営業面積に対する飲食施設の割合が約三七・七％を占める。

同様に「プラザハウスショッピングセンター」は、本格的レストランからファースト・フードまで十一の飲食施設がある。飲食施設の占める割合が高いというのが、恵比寿ガーデンプレイス、「プラザハウスショッピングセンター」に共通することであり、特徴になっている。

「うちのショッピングセンターの特徴は、飲食施設がバラエティーに富んでいる点です。食べ物をきっちり提供できるショッピングセンターは多分他にないとおもいます。接待にも使える本格的なレストランがあり、気軽に入れるファーストフードがもある。しかも、リゾート気分でゆったりと買い物ができるところは、たぶん沖縄では当ショッピングセンターだけではないでしょうか」

平良専務も本格的飲食施設のあるショッピングセンターであることを強調し、その特徴をいかに活かすか模索している。

恵比寿ガーデンプレイスは、新宿や渋谷に比べ交通の便も悪いし、ガーデンプレイス以外は特に大きな商業施設も集積していない。しかし、年間千六百万人の集客がある。ほかの複合施設にない特徴、飲食施設が多く、空間を贅沢に使ったゆったりできる雰囲気を作り上げたからである。それが、消費の多様性に対応する複合施設のベーシックモデルとなるだろう。

消費者の多様性に対応するためには、マス・マーケットを狙う量販を主体にするショッピングセンターがあると同時に、アッパークラスを狙うショッピングセンターも必要である。その時代が到来しつつある。

商品は命

「プラザハウスショッピングセンター」の核店舗で直営店舗の「ロージャース」は、東京サイドから高く評価されている。ファッション業界で不動の地位を確保しているユナイテッドアローズやシップスのコーディーネーターをして、日本やイタリアをまたにかけているある業界人が「ロージャース」をみて驚愕したという。「ここにあったのか。なんで、こんな値段で売れるのですか。どんなノウハウをお持ちなんですか。ちゃんと利益が出るのですか。この施設が、このまま東京にあったら驚異です」と。世界のファッションを知り尽くしている業界人も感嘆する店が沖縄にあるのである。

英国アクアスキュータムやバリーの事例のように、「ロージャース」は、先がけて取り引きしてきた実績がある。同時に、世界の良い商品を品揃えする努力が必要である。東京のみならず、アメリカやヨーロッパまで足を伸ばし取引先を開拓し、独自のルートを構築してきた。

リニューアル後、取引先は三倍に膨れ上がったと平良専務は言う。いいものを探すためには、取引先の開拓に余念がない。

「例えば、予算一千万を使うのは簡単です。同じ靴を百足オーダーすればいいわけです。しかしお客さんを満足させるためには、品揃えを豊富にしなければならない。沢山のブランド、メーカーを揃えないといけません。三個しか売れないだろうなと思いながら、妥協して同じものを十個注文すれば売れ残ります。そう考えると、予算を一千万作るには大変な労力と根気がいるのです」

ラジオ音楽番組に例えると、どれだけ感動する音楽をリスナーに提供できるか、である。メジャーな音楽だけを流してたらリスナーも飽きてしまい、自分の好みのＣＤを聞くだろう。常にリスナーをあっと思わせるミュージックを引っ張ってこれるのかが、番組スタッフの腕の見せ所である。いい音楽なら、名の知れていないミュージシャンの音楽でも聞き入ってしまうものである。それがプロの腕の見せ所でもある。

右から左に商品を流すのも、流通の商売のあり方としてもあるだろう。ただし、お客さんは、商品を揃えるのにどれだけ額に汗をしたのか、見抜いてしまうものである。プロなら一目同然だろう。客と店との真剣勝負である。

「お客様に生活をさせてもらっています。ということは、商品に生活をさせてもらっているということです。この商品に対して、自分たちが『有り難う』と言い切れないと、絶対売れません。私は、バックが入荷したら、『気を入れ替えてあげよう』とスタッフに言うわけです。スタッフらは『どうしてなんですか』と質問します。商品は、はるばるイタリアから長旅をして、窒息しそうで苦しいわけです。だから、箱の中にバックを包んでいる紙があるじゃないですか、あの紙を全部出して、バックに呼吸をして貰って、入れ直すわけです」

平良氏は、このやり方をあるバック屋さんから教えてもらったという。商品から、その作る人の「想い」を感じることが、物を提供する側には必要という。

「バック一つでも、バックを作るために一年中そのことばかり考えている人がいます。私は、よく『ロージャース』のスタッフに言うんですよ。『考えてごらん、このことばっかり考えている人がいるのよ。それでやっと一つの商品が生まれてくる。絶対、なんらかの背景があるはずだから』と。

なぜ、この洋服ができたのか。なぜ、こういう意図が生まれたのか。なぜ、こんな形が生まれたのか。作る人は、朝から晩まで、ずーとこれを考えているわけじゃないですか。そういう人達の『想い』をちょっとでも理解しようとすれば、そこにはものすごいロマンがあり、作る人達の『想い』というものを享受できるわけです。物語に浸る自由さがあります。それがセールストークになったりするのです」

商品に対する姿勢、真剣さがあるから、その商品が生き生きと輝きを増すのである。だから、お客さんも安心して買うことができるし、売る側もその商品を提供する意義を見つけることができる。商品は命である。「ロージャース」が、東京の一流の業界人から評価される理由は、そこにあるのではないだろうか。

世界に出会えるショッピングモール

「プラザハウスショッピングセンター」は、「ワン&オンリー」というコンセプトでやってきた。そのコンセプトは、なかなか人に理解してもらえない。既成概念との戦いでもあると、平良専務は告白する。

「私たちはコンセプトを『ワン&オンリー』とうたっていますから、人がやっている真似はできない。例えば、あのイベントが成功しているとか、このセールスプロモーションが成功しているとかといっても、そのまま真似ることができない。創業四五周年記念イベントで『バリ・フェア』をしたのですが、誰もやったことないことをするわけですから、大変なエネルギーが必要なのです。その意図をお客様に理解させないといけない。マリア・ハウエルをイベントで呼ぼうといえば、誰でも理解できる。いきなりバリの人を呼ぼうといっても、バリの踊りがどのようなものか誰もわかない。そういうのは、ちょっと辛いですよね」

ショッピングセンターのイベントだと、キャラクターショーが定番である。また、そういう固定概念が出来上がってしまっている。テナントからも、キャラクターショーを要求されるという。確かに、キャラクターショーは家族連れを呼ぶことができるだろう。

しかし、他の量販のショッピングセンターと同じことをしては、「プラザハウスショッピングセンター」が苦労して作り上げた独自性を弱めることになる。長い目で見ればマイナスになるのは予測がつくことである。目先のことに振り回されていては、特徴のあるショッピングセンターは作れない。

「ワン&オンリー」をコンセプトに掲げることは容易であるが、コンセプトを実現するには困難が伴う。しかし、そのコンセプトに共感してくれる人達が少しずつ集まってきていると平良氏は語る。

「撤退したテナントさんもありますけど、逆に、出店のチャンスをまっていてくれた人達がいるのです。有り難いことに、また、埋まるんですよ。コンセプトに共感してくれる人達が、少しずつ集まってくれています。そのことは私たちにとっては大きな励みになります。これからが勝負だと思います。私たちは『進化するショッピングセンター』といっているんです。今の時代、なんでもありです。どうやって演出をするのか。皆で模索をしています。インパクト、刺激を求めています。それをどうやって表現するのか詰めないといけない。商品も止まっていたのなら、どんどん古くなります。売り場の人が飽きたものは、どんな一見のお客さんでも伝わります。流通業だから、どんどん商品をもってくる使命があるんです。ショッピングすることが楽しくなる、買いたくなるものを提供することが私たちの原点です」

リニューアルして三年。様々なハードルをクリアし、試行錯誤しながらやってきた。停滞はない。常に、お客さんが求めることを機微に感じ、それを具現化する。歴史のあるショッピングセンターだが、それに甘んじることなく「プラザハウスショッピングセンターだから」出来ることに挑戦を続けている姿勢は大いに参考になる。五年、十年と、時がたつにつれ陳腐化してしまうのが普通の商業施設である。「プラザハウスショッピングセンター」は、逆に、時間が経過するにつれ輝きを増し、重厚さを増しているようにも感じる。

世界に出会えるショッピングセンターが沖縄にあることに県民も誇りするべきだろう。それにしても、「ワン&オンリー」の言葉が似合うショッピングセンターである。

CD-ROM——バグハウス
デジタル編集——クエント・ポストビジョン
月刊 琉球舞踊——シナプス
手打ちすば——御殿山
薬草と食——風の村

【バグハウス】

CD-ROMの創世紀に立ち会う

消えた写植屋さん

例えばこんな経験はないだろうか。社内の企画書や報告書を作成する場合、文書や簡単な図表だけならワープロなどでできるが、複雑な図表や写真が入るとどうにもうまくいかず、資料を切ったり貼ったり、紙とハサミとノリと格闘しながら書類を作成しなければならない。

数年前、私がノリとハサミを使い書類を作っているところを、たまたま会社を訪れていたある米国人に不思議そうに見られてしまった。コンピュータがあれば簡単に出来る作業だろうというのが彼の言い分である。確かにそうだろう。デジタル時代にアナログ的な作業をすることは非効率である。コンピュータの普及が進んでる米国ではコンピュータは作業ツールである。もちろんその後、コンピュータを導入し、ＤＴＰ（デスクトップ・パブリッシング）で作業効率のアップを図ったのであるが、沖縄の企業は中小企業が多くコンピュータの導入が遅れているのが現状ではないだろうか。コンピュータに触ったこともないし、インターネットもしない。デジタル、マルチメディアの世界は自分にあまり関係ないことと思っている人は多いだろう。ただ、コンピュータの流れは生活の中に静かに確実に浸透してきている。

例えば、毎日見る新聞やチラシ。今日のニュースは？　何か安いものはないか？　などと何気なく見ていると思うが、印刷物のほとんどがコンピュータでデザインされている。ここ五、六年で印刷業界はアナログからデジタルに劇的に転換した。コンピュータ・グラフィックスが普通になり、コンピュータ・グラフィックスならではの印刷物が増えたのである。十数年前、現在の印刷業界の状況は考えられなかった。

それまで印刷業界はアナログの世界で、印刷物を作るには人手と時間がかかった。デザイナーは版下を作るために、版下の指定原稿（設計図のようなもの）を作成しなければならなかった。もちろんラフデザイン（印刷物デザインの仕上がり予想図）は手書きである。版下にロットリングという特殊なペンで〇・一ミリの線を引き、写植（写真植字）機で文字をうち、版下にひとつひとつを貼り付けていく。その版下を製版して印刷の版をつくり印刷をするのである。広告物を制作するには写植が欠かせず、写植オペレーターは技術力が必要で、一種の職人であった。広告代理店の近くには小さな写植・版下屋さんがいくつもあった。

写植は、写真植字といわれるように、写真と同じように暗室で現像しなければならなかった。

作るにも時間がかかるが、変更したい場合、手直しをすぐ出来ない。大きくデザイン変更しようとすれば、版下そのものを作り替えなければいけない。

そういう状況のなか、十数年前、マッキントッシュが登場した。イラストレーターというソフトの登場でグラフィックデザインがコンピュータ画面上で可能になり、ＤＴＰが可能になった。ＤＴＰはデスクトップ・パブリッシングの略で、編集作業をパソコン上で行ない、そのままプリントアウトしたり、インターネットでデータを送信したりすることができる。しかしマッキントッシュが登場したときは、まだイラストレーターの性能が低く機械も高額で機材を一式揃えると自動車が買えるような金額になった。イラストレーターの日本語文字もワープロに毛が生えたレベルで、写植文字とは比較にならなかった。しかし、欧米ではすでにデジタル化が進みＤＴＰが普通に行なわれていた。日進月歩進化していくコンピュータの世界を考えれば、自ずと印刷業界もデジタル化が進み、版下の制作作業過程そのものがなくなると予測ができた。

その頃ある写植屋さんの社長に、「今からマッキントッシュに対応できるようにしないと」と進言すると、「まだまだ写植は大丈夫」とたかをくくっていた。その時点では、写植文字とコンピュータの文字は比較できないほどであったから、その写植屋の社長の自信も理解できる。

その後マッキントッシュ、イラストレーターの性能やバージョンが急速にアップし、さらにマッキントッシュ本体や周辺機材の価格も安くなった。広告業界でもＤＴＰが普通になり、版下を作る必要がなくなった。コンピュータ画面でデザインし、最終的な印刷物と変わらないラフデザインが、簡単にプリントアウトすることができる。九三、四年頃になると印刷業界もDTPに対応できないと生き残れなくなった。データから印刷物ができるようになったので、版下から製版する過程がなくなった。

台紙に、写植を貼った版下を今ではもう見る機会もない。広告代理店のまわりにあった写植屋さんが消えてしまったのである。アナログからデジタルへの転換で、ひとつの業種がなくなってしまったのである。あの写植屋さんもなくなってしまった。

どこもやっていないから、やる

デジタル化で写植屋さんが町から消えた。十年前では考えられないことである。大手企業の三田工業もコピー機のデジタル化に乗り遅れ、売上げ不振に陥り倒産してまった。大手企業だからと安心はできない。時代の変化を読み流れにいかに対応するかが生き残るためには必要だ。

沖縄でも、デジタル化の流れを読み、いち早くその世界に踏み入れたデザイン集団がある。宜野湾市に事務所を構えるデジタルデザイン「バグハウス」である。

「設立は一九九二年。沖縄ではまだ、DTPが普及していない頃ですよ。沖縄でも草分け的な頃からDTPをしています。当時でもかなりレベルが高かったとおもうんですけど、仕事は取れなかったですね。ＤＴＰには夢があるとおもってはじめたんだけど、競争が厳しいし、値段もたたかれてしまいます。

私たちはコンピュータを使うことによって、デザイナーが豊かになると考えていました。コンピュータを使うことにより制作時間が短縮できますから、それだけ好きなことができて、経済的に楽になると思っていたんです。ところが実際はきつくなるばかりです。ＤＴＰで、沖縄全体が安売りになったじゃないですか。ＤＴＰ自体が安いということになって、当然デザイン費も削られる。いまはデザイン費なんかないという感じです。これは話が違うじゃないかということになって、ＤＴＰは駄目だということになった。金はすぐなくなっちゃうしね。

ただ、スタッフは前の会社から皆いっしょで、ずっとチームで動いてきたから、信頼関係はありました。給料はなくてもなんとかやっていこうと、チームワークはよかった。最初は五人ですよ。役員を五人全員でやって、共同出資で、取り合えず年長だったので私が代表をやったまでです。決めるときはなんでも皆できめます。私の会社というより、皆の会社です。会社らしくないし、企業らしくない。成功していないアマチュアのクラブ活動みたいなものです。仲良し集団でやってきたから、ビジネス的にはきびしいです」

ＤＴＰの可能性にかけたが、やっぱり現実は厳しいと、バグハウス社長の三嶋啓二氏は設立当時を回想しながら現状を分析する。三嶋氏は、会社を仲良し集団で企業らしくないというが、まったくそのとおりである。事務所に訪ねたが、外人住宅で猫がいっぱいうろちょろしている。

デザイン事務所はだいたいそういう雰囲気だが、バグハウスには特にのんびりとしている。
同社の業務内容は次のようになる。

《マルチメディア・コンテンツ制作全般》
◎マルチメディアソフト制作　◎CD-ROM制作　◎DTP出版物制作
◎インターネットのホームページ制作

バグハウスで有名なのはCD-ROM制作である。
三、四年前「沖縄の野鳥」というタイトルのCD-ROMのチラシを書店で見かけた。沖縄関係のCD-ROMも作れるんだと感心したが、そのCD-ROMを企画制作したのが「バグハウス」であった。まさか沖縄の企業が企画制作を手がけているとはおもわなかった。
「売り上げを作るためにはなんでもやらないといけない。しかし、チラシを作っていると前と同じになる。なんのために、DTPを始めたのかわからなくなる。そんな時、CD-ROMが九三、四年頃に全国的に注目されはじめ、急速にCD-ROMのタイトル数が増え始めた。『CD-ROMだったら、県内では誰もやっていない』『一番になれるんじゃないか』
それにかけてみようと。どうせ今のままじゃ給料も出ない。じゃ、CD-ROMでもやろうかというノリです。もちろんノウハウは何もなかったんです。そしてデータ、情報もないわけで、いい資料が何かないかということで探してたら、知り合いに博物館の野鳥の先生がいたから、ちょと資料を提供してくださいとお願いして作ったのが『沖縄の野鳥』です。CD-ROM制作のノウハウはなにもなかった。ゼロから作り上げたものですから、約一年かかりました。九五年四月頃完成しました。

全国的にも隙間があり、まだあまりCD-ROMが発売されていない時だから、いろいろマスメディアでも取り上げられ、数百枚くらい売れました。県内、県外は半々くらいの割合。本土では大手の『ソフトバンク』さんとか、扱ってくれたところはあります。県内は直接書店や『わしたショップ』に売り込みました。ホームページの通販で販売したりしていますが、販売を一生懸命しているとはとても思えない。回りからも本気で売る気があるのかといわれる。気持ちわるいくらい動かない。自分たちで売るというところまで意識がいっていなかったんですよね。またCD-ROMの市場がないから、ないままに終わってしまっている。

インターネットが普及したことにより、普通の人がパソコンに触れる機会が多くなった。インターネットはマルチメディアの世界を一般に広めた功績はあるとおもいます。しかし、色々なホームページがあるから、わざわざCD-ROMに高いお金を払うのは馬鹿馬鹿しいと考える人が多くなったかもしれません。消費者は、CD-ROMは雑誌の後ろについている付録のようなものとか、タダだから四、五千円だしたら高いなという感じがあるんじゃないですか。店頭にならんでもそうですよね。本でもないし、CDでもない。どのジャンルなのか明確でない。中途半端なメディアになっている。売る側も困っていると思います。本屋さんもこれだけ書籍をあつかっていても、CD-ROMを扱うのに及び腰になっている」

三嶋氏は、CD-ROMにまつわる世間の反応を自虐的に語る。ノウハウがないのに、CD-ROM制作に乗り出したことは評価していい。確かに沖縄の企業がはじめて作ったCD-ROMは結果的に期待したほど売れなかった。しかしCD-ROMを制作することにより独自のノウハウを蓄積することができた。

三嶋啓二社長

マルチメディア時代といわれ、話題を呼んだCD-ROMだが、制作費が最低三百万円はかかり、行政、企業も積極的に利用するところは少ない。消費者もCD-ROMは雑誌の付録でついてくるものというイメージがあり、よほど興味がない限り数千円も出して購入しない。コンピュータ時代であるが、一般家庭でも普及しはじめたばかりである。数年前はCD-ROMを開いて見るコンピュータ自体がない企業も多かった。そうこうしているうちに、インターネットが普及し、余計CD-ROMの陰が薄くなっていった。

本土大手企業が認めるクオリティー

「バグハウス」のＣＤ-ＲＯＭの制作レベルは県外では高く評価されている。実際本土大手の企業ＣＤ-ＲＯＭやホームページを制作している。

《ＣＤ-ＲＯＭ》
◎アコム会社案内　◎ユニチャーム会社案内
◎ダスキン研修用ＣＤ-ＲＯＭオーサリング　◎ＮＴＴ-ＴＥ東北会社案内
《ホームページ》
◎日経ＢＰ社ホームページデザイン　◎ダスキンホームページ制作
◎ＮＴＴ静岡ホームページ児童画コンクールShockwaveムービー制作
◎ＮＴＴドコモ関西ホームページ制作

正直いって、沖縄の五名のコンテンツ制作会社が、本土大手企業と直接仕事をしていることに驚きであった。

「本土企業の会社案内とか作らせてもらっていますが、そんなにトラブルなく使ってもらっています。我社の企画制作で、企業の担当者からも評価されています。一般に売られていない企業モノを制作しています。本土企業の担当者とダイレクトに打ち合わせをしてやるので、いわゆる下請けの形ではありません。すべて我社の企画提案を聞いていただいています。

本土の仕事やる場合こわいですね。クオリティーの面で気を使います。本土企業から『期待していますよ』といわれる。いいもの作るのであれば、北海道でも、沖縄でも違いはないわけです。案外、人材は東京にいないとよく聞きます。東京では優秀な人材がもっと儲かるゲーム業界とかエンターティメント、アミューズメントのソフト制作に流れています。CD-ROMやホームページ制作というような地味なやつは人材が残らない」

「バグハウス」の企画制作能力は、本土市場でも通用するレベルだと三嶋氏は強調する。

CD-ROM、ホームページ制作を担当するテクニカルデザイナーの下地吉高氏は、本土大手企業と直接仕事をする面白さと恐さを語ってくれた。

「CD-ROM制作はそれまで経験なかったし、通用するかな思っていました。ところが、ある品評会で、当社のCD-ROMの品質の高さに企業から参加した方はかなりびっくりされていました。『これくらいの予算で、これだけのことが出来るのか』と。それで、定期的に仕事が流れてくるようになりました。他社で作るCD-ROMと比較しても遜色ないし、我が社のCD-ROMが優れている場合もあるんです。

『ユニチャーム』の仕事は、会社自体が面白くて、担当者は二四歳くらいの女性だったんです。最初打ち合わせをして、実際に制作して、確認作業する。いつまでたっても若い女性担当者だけしか出てこない。いつ上司がきて軌道修正がはいるのかドキドキしていた。最後の最後まで若い担当者が決定していいました。彼女自身もCD-ROMをどう作っていいのかわからないし、知識がないわけです。逆にこっちは会社のことがわからないから、歩み寄りながらCD-ROMを制作しました。『CD-ROMはこういうデジタル系があって、ムービーがいっぱい入るのと、文字データ系を揃えるのがある。リクルート案内だから、ムービーで社員のインタビューとか盛り込んでいって、ユーザーの親近感を持たすためにこういうふうにしましょう』とか企画を相談して、企画書を提出して、採用されて、企画の主旨説明して、データを揃えてくださいと提案をする。上司がいないから、話がとんとん拍子に進んでいく。『ユニチャーム』が最初の東京での仕事だから、さすが東京は進んでいて、若い人を男女の差別もなくやっているだなと思いました。

『アコム』のCD-ROMの場合は、株主やリクルート用に使用するので、何万枚もプレスする。制作期間も三カ月くらい。画面の数が百、二百と半端じゃない。クライアントから『こういうことも出来ますか』と聞かれて、こちらから提案していくスタイルをとっていました。

関西のA社の仕事をしたときは、某大手印刷会社とか含め三社の競合で、CD-ROMをつくる話になったんです。大手印刷会社は有名ですし、最初は腰がひけて会議に参加したのですが、結局、大手印刷会社の担当者も、CD-ROMの事わかっている人間はいないんです。外注という形で、結局、実際仕事をしているところは、マンションプロダクションみたいな、一人とか二人でやっているところなんです。私たちは、それまで『ユニチャーム』などの東京の仕事を二、三していて、そこでは問題なくクリアしていたのですが、A社の担当者は意味のわからないことをいってくるんです。『作り方をどうしよう』『どこそこに有名なプログラマーがいるから、そのひとに基本設計を作らそう』など、そんなことを担当者が言いはじめたので、自分は面食らって、『ちょっとまってくださいよ。いままでの話をこうすれば問題ないんではないか』。簡単なことで、問題らしきことはない。黙っておこうとおもっていたんですけど、いつのまにか自分がしゃべっていて、『こういうデモバージョンをつくって、こういう作り方でやったほうがいい』と提案したんです。

印刷物をしていると、クライアントの担当者の顔も知らないで広告代理店からプロダクション的に仕事を振られる。実際クライアントに言って、『こういうふうにしましょう』と提案はなかなかできない。これまで通り、代理店や印刷会社から外注される印刷物をやっていたら本土大手企業と直接仕事をすることは不可能だったと思います。CD-ROMをすることによって東京の企業と直に仕事できるのは面白い。遊びという要素を取り入れられるし、実験的にやれる。マルチメディアが、市場としてまだ確立していないから、こういうことができるのかもしれません」

CD-ROMの可能性

本土大手企業と直接仕事ができるのも、確かなクリエイティブ能力があった証拠である。見よう見真似でCD-ROM制作を手がけたが、蓄積されたノウハウは大きいかった。

通産省の沖縄コンテンツ制作支援事業で採用され制作したバグハウス・オリジナルCD-ROM、パソコン沖縄ガイド「リュウ太の大冒険」は沖縄にこだわった内容である。

延べ約四〇分のアニメーション物語をベースに、首里、那覇、ヤンバル、八重山の四ステージがある。各ステージでは、学習ウィンドウ、クイズモード、ゲームモードが用意されて、テレビゲームに慣れている小学生が興味をもてる内容になっている。

「素材の提供受けていますが、声以外は全部内部で制作しました。何が楽しいか、おもしろいのかというと、紙面世界では今までは止まったままの2Dの世界ですが、CD-ROMだと音であったり、声であったりと、いろいろ立体的に楽しめることです。『このキャラクターの声はどれにしようか』なんて選ぶのも、プロの声優さんの百名くらいデモテープがあるんですよ。実際、小さい頃アニメーションで聞いていた声優さんが、自分の書いた原稿をよんでしゃべっていたのが不思議でしたね」

と制作を担当した下地氏は、CD-ROMの魅力を制作過程で実感している。「リュウ太の大冒険」は沖縄の歴史を学べる教材用CD-ROMとして小学校などで活用されてされはじめている。

《バグハウス・オリジナルＣＤ-ＲＯＭ》
◎デジタル図鑑「沖縄の野鳥」
沖縄の三八三種類の野鳥、探鳥地、辞書などを網羅したデジタル図鑑。
◎「むる沖縄」Ｖｏｌ．１．２
沖縄の自然、文化、生活、身近な話題を写真と音楽で紹介。
◎沖縄料理探検「食の王国」
歴史ツアー、レシピの森、クワッチー広場、食の図書館の四つのコンテンツがあり、沖縄の食を楽しく学べる。
◎パソコン沖縄ガイド「リュウ太の大冒険」

どれも内容は面白いが、実際そんなに売れていない。「バグハウス」の営業力が弱いというのがあるが、ＣＤ-ＲＯＭの特徴がまだ一般的に認識されていない。あれほど騒がれたＣＤ-ＲＯＭだが、市場自体が小さく、全国規模で約三千枚売れればヒットと言われる。そんな状況の中で三嶋氏はＣＤ-ＲＯＭの可能性を模索する。

リュウ太の大冒険

「小、中学校にかなりインターネットが普及してきている。しかしまだまだ学校のインターネットはハードルが高い。学校の先生が教えられるものでもないし、接続に時間がかかる。利用するにはお金がかかるとかクリアすべき問題がある。それに比べたら、CD-ROMはパッケージだから、パソコンにただ差し込むだけです。簡単だし、すぐ見せられる。もちろんいろいろ併用して見せられる。CD-ROMはインタラクティブ（双方向）に、テキストや写真や動画が得られる。インターネットでもできないこともないが、かなりの制約がまだある。過度期ですよね。いずれは全部ネットワークから取れるようになるとおもいますけどね。CD-ROMは過度期のメディアになるかとおもうんです。

しかし、手に取れるパッケージだから、物としての存在価値はあるとおもいます。僕の位置づけとしては『書籍』だとおもいます。作ることからいえば、CD-ROMに比べればホームページは子供だましみたいなもの。ノウハウは活かせるわけです。技術レベルは高いとおもいますよ」

マルチメディアって何？

注目されるマルチメディアだが、市場としてまだ確立されていないのが現状である。

「バグハウス」は、独自のノウハウでCD-ROMやホームページなどのマルチメディア・コンテンツを制作しているが、沖縄の市場は小さく、インターネットの普及で企業・自治体にもコンピュータが普通に使われはじめたが、まだ会社や自治体のホームページを制作していないところが多い。

マルチメディアという前にコンテンツ制作に欠かせないクリエイティブ（企画、プロデュース、ディレクション、デザイン、コピーライトなど）の評価を高めないと業界も育たない。ＤＴＰが導入され、印刷業界は安売りに走り、企画、デザインなどのクリエイティブに関する部分は目に見えないので、タダ当然というふうにみられてしまった。ホームページ制作はコンピュータを扱える人なら誰でも可能である。しかし、プロと素人はやはり違う。その違いを見極める力がクライアントにないといけない。

マルチメディアと騒がれているが、県内では取り巻く環境はまだ悪い。

「県内にはマルチメディアコンテンツ制作会社が約二〇社あります。だいたいＣＤ-ＲＯＭ、インターネット、３Ｄの三タイプに分けられます。ゲームは県内にはありません。二、三人の小さな事務所が多いので、マンパワーが分散して大きな仕事ができていないのが現状です。組合でも二、三年、東京で営業をかけていますけど、うまくいっていない」

沖縄マルチメディアコンテンツ事業協同組合（ＤＢＡ・Digital Business Alliance／ディーバ）の又吉演氏は、沖縄のマルチメディアの問題点を指摘する。

沖縄の産業振興を図るため、「沖縄マルチメディアアイランド構想」が打ち上げられた。郵政省・電気通信審議会の中長期ビジョンでは二〇一〇年のマルチメディアの市場規模は約一二四兆円規模になるといわれている。

《既存マルチメディアビジネス》六七兆円

◎映像関連機器　◎通信機器、コンピュータ　◎ネットワーク（その他）

◎映像ソフト（通信系以外）

《光ファイバーによる新規ビジネス》五七兆円

◎ネットワーク事業　◎番組配信サービス　◎データベース・サービス

◎電子出版・電子新聞　◎余暇ソフト配信　◎教育ソフト配信

◎テレビショッピング　◎端末機器　◎サテライトオフィス

（「沖縄の産業振興とマルチメディア」真栄田義賢／公庫レポート）

日本経済の牽引役の自動産業は約四十兆円（九〇年）であることと比較しても、将来のマルチメディア産業規模の大きさがわかる。マルチメディアが五、六年前から騒がれたのもわかる。

郵政省は「沖縄マルチメディア特区構想」、通産省は「沖縄デジタルアイランド構想」を提案している。縦割り行政もここまでくれば敬意を表したいくらいだ。「沖縄マルチメディアアイランド構想」が持ち上がった時、沖縄でもマルチメディアと連日のようにマスメディアで取り上げられた。

マルチメディア・コンテンツ産業支援の施設整備が差々と進んでいる。北谷町にはモーションカメラを設置した特撮スタジオが二〇〇〇年四月開所。名護市、嘉手納町などにもコンテンツ産業の拠点がつぎつぎと作られる予定である。

しかし、拠点がバラバラでは箱モノに終わってしまう可能性が大きい。沖縄フリーゾーン（不）自由貿易地域の二の舞になるだろう。コンテンツ産業で必要なのは、市場を開拓するマーケティングノウハウと人材育成なのである。産業が成長するためには、行政はコントロールするのではなく、規則を緩和することが必要である。

仕事が先か、スキルアップが先か

「一タイトル一千万円の仕事だと、一社ではこなせない。我社を経由して県内で作っていこうとする計画はあるけれど、県内ではそういう人達が育ってきていないから、仕事を流すに流せない。沢山仕事をくださいと言いきれない。都合がいいときに仕事をくださいとは言えない。だから本土とのパイプが大きくならない。県内でマルチメディアがわかっている人達が増えてきて、ネットワークが出来れば本土から仕事が受けれるとおもうんです。

クリエイター同士でコラボレーション（協力、共同）しようとしているが、実際スキルがまだまだなとこがある。仕事をこなしながらスキルを上げないといけない。そうなると我社がリスクを抱えることになる。県内の企業はクリエイターを育ててやらないと底上げができない。県内の仕事を奪い合っていてはどっちも沈んでしまう。

本土にパイプをつなぐことが必要だと思う。どこかがヘッドでもいいし、横並びでもいい。餅は餅屋で、映像が得意なひと、３Ｄが得意なひと、全て必要だから皆が合体しないとマルチメディアにならない。そこにお互いが存在する理由があるとおもう。一本どかっと仕事がはいってきて、どこかが窓口になって投げ返すことを繰り返していけば、絶対皆が育ってくる。

じゃ、仕事が先なのか、スキルアップが先なのか、となる。仕事が県内にないからやる気のある人は県外に出る。それが悩み。『マルチメディアアイランド構想』とか何万人雇用とか、億単位の仕事とか、国際化とかは大事なんだけど、ちっちゃな玉でいいから県内に仕事を流してくれないと、せっかく出かかった芽が全部つまれてしまう。本土のソフト会社が進出してくると、そこで雇われることになる。大きな玉をとってくるしかない。

プロデュース機能が絶対必要だとおもう。ものを作らせ売るにしても、繋ぎ結びつける役がないとまずいのではないか。流通も含めてなんだけど。売れる仕組みもない。

東京にプロデュースする拠点みたいのがあって、第三セクターでもなんでもいいんですけど、『わしたショップ』が沖縄の物産を売っているように、東京で仕事を集めるセンターがあって、営業マン、プロデューサーが沢山いて、情報を沖縄に流してくれるとか。沖縄の小さなプロダクションが、東京にいってお客さんを開拓するときは、そこから情報をもらう。バックアップしてくれて、いっしょに東京を開拓しないと県内に仕事がまわらない。マルチメディアの仕事が県内にあまりないと思うから、県外に出ていくことを考えないといけない。

沖縄自身でプロデュース機能をつくらないと、おいしい話を外に持っていかれる。現在どんどんもっていかれるばかりですから、腹がたちますよね。沖縄のひとは素材提供に名前をつらねるだけ。沖縄は素材提供地になってしまっている。営業的にみれば市場は本土にある。でも積極的に市場を開拓していない。沖縄の企業と仕事がしたいが、県内に市場はない。ジレンマなんです」

マルチメディアの市場は、やはり本土にある。県内市場は小さく、値段のたたき合いが起きている。本土市場に進出しなければ県内マルチメディアの業界も大きくならない。本土企業を誘致してマルチメディア産業を育てようとする考え方もあるし、それは否定はしない。しかし、そうなるといつまでたっても沖縄は支店であり、本土にお金が流れていく。数億規模の振興事業をしたとしても、これまでの公共工事と同じで本土大手企業が元請けになり、沖縄の企業は下請けで結局、沖縄にお金が落ちなくなる。沖縄の企業が伸び、沖縄にお金を落とすためにも地元の企業が成長しなければならない。沖縄県やＦｒｏｍ沖縄推進機構では沖縄のマルチメディア産業の発展のために人材の育成に力を入れている。

クリエイターが先か、プロデューサーが先か、の議論があるとおもうが、どちらも同時平行で行なわないと業界は大きくならない。ただ言えることは三嶋氏がいうように、一つの小さな企業では大きな仕事はできないということだ。従って、小さなマルチメディア・コンテンツ企業を一つに束ねることが重要だ。一つ一つは小さいが、集まれば大きな企業体、クリエイティブ集団になる。

なによりも重要なのは東京に営業拠点をつくることだ。東京で開かれるマルチメディア関連のフェアに個別で出店しても、一過性に終わってしまう。ましてやマルチメディアではさまざまなクリエイターが必要になる。沖縄にもこんなに優秀な人材がいるのだということを情報として常時発信する場所がなければならない。

例えば、沖縄の物産展を本土のデパート開催する。大きなデパートでは商品アイテムを抱負に揃えることができるが、小規模な物産展では商品アイテムが限られてくる。そうすると、お客さんもデパートのバイヤーも沖縄は黒糖と泡盛くらいしかないと思ってしまう。実際は「わしたショップ」では約三千種類のアイテムを用意できる。それだけの商品アイテムを用意できるから、一つのショップとして成り立つことができるのだ。「こんなに沖縄の物産は多いんだ」と本土の消費者、バイヤーに認識させるために品数をみせることは大切なことである。バイヤーも売り上げを上げるために売れる商材を探している。だから拠点は必要なのだ。

かつて沖縄の物産は売れなかった。しかし沖縄県物産公社が東京銀座に「わしたショップ」を出店し、拠点方式によるマーケティング展開を図り、沖縄の物産が売れるようになった。

「わしたショップ」が展開する前は、本土市場に三億五千万円しか売れていなかったが、現在は七百億円規模まで膨らんでいる。方法・戦略の違いでガラリと変わってしまった。

物産とマルチメディアコンテンツは比較できないが沖縄の物産のように、東京に拠点を設けてマーケティングしていくことは大切だろう。同じように、クリエイター集団が沖縄にはこんなにもいるんだということを本土企業にアピールしなければならない。どういうことが可能なのか見せることも必要で、東京で沖縄のクリエイター集団の窓口を設置することが必要がある。

儲けないけど面白い

「常にチャレンジしているところがあって、自分たちが歴史を作っている自負心があります。リアルタイムに作り上げいくということが面白いから続けている。面白いから突き詰めている。儲からないけど面白いですよ。

今、マルチメディアの創世記に立ちあっている。日本の外れのこんなところで、垣間見ている。ダイレクトにかかわっているという楽しさはありますよね。マルチメディアをしなかったら東京とダイレクトに仕事をすることもなかった。CD-ROMを作って東京で売ることもなかった。DTPだけやっていたら、絶対なかった。

つい五年前までは、考えられない世界だったと思うんです。マルチメディア、デジタル世界になったから、このようなことが可能になった。実感がすごくありますよ。わくわくすることは沢山あるから、それだけでやっているかもしれないですね。儲けることだけ考えるならば手をだすものではない」

「バグハウス」の高いクリエイティブ能力は、常に未知なるものへのチャレンジ精神なのかもしれない。

社名の「バグハウス」の「バグ」は、本来の意味は虫で、コンピュータ画面が止まってしまうと「バグった」というように、プログラムエラーのことを指して使われる。失敗を恐れないで挑戦し続けたいという願いと、ドイツにあった「バウハウス」という世界的に有名なデザイン学校の名前に由来している。

「バグハウス」の会社案内に次のようなことが記されている。

《一九九二年十月の創設以来、バグハウスは沖縄にこだわったマルチメディアコンテンツ制作を行なってきました。それは、豊かな自然や文化など、沖縄に満ち溢れているすばらしい魅力(素材)を、東京や世界に向けて発信したいと願ってきたからです。世界のどこにもない沖縄固有の魅力と、それを支える人々のスピリッツ。これこそ沖縄が世界に誇れるかけがえのないものです。

また、弊社がコンテンツ制作の道を確信する理由に、これまで沖縄が宿命的に担わされてきた地理的ハンディを克服できる、デジタル技術の進化とネットワーク社会の出現があります。それは、ネットワークで結ばれることであり、離島県であると同時に世界にはばたく絶好の位置にある沖縄こそ、最も適していると思われるのです。

われわれはバグハウスはこれからも「沖縄」をベースに、日本本土や世界に向けた創造性豊かなコンテンツを作りつづけたいと考えています》

「今、マルチメディアの創世紀に立ち会っている」と三嶋氏が言うように、未知なる世界に飛び込み、自己のクリエイティブ能力を高めていこうする意識が「バグハウス」の根底に流れている。マルチメディアの世界が今後どのようになっていくのかわからないが、自己表現をしながら、社会にどのように貢献していくか模索を続けている。

「今後の展開はわからない。今後は誰もわからない。でも企画デザインはデジタル社会になっても基本的に考えはかわらない。ノウハウは活かされると思う。ＣＤ-ＲＯＭは可能性がまだある。近い将来は、学校教育用ソフトを作ろうかなと思っています。アニメで沖縄を紹介しようかなと。今、小学校、中学校にパソコンの導入が図られていますから。沖縄の素材で作ったマルチメディア作品を作っていこうかと考えています。ＣＤ-ＲＯＭは一般市場ではそう売れるものではない。教育の教材として特化したような歴史とか自然とか、そういったものに力をいれようと思います。素材は県内に沢山ころがっているし、自分たちで勝手に作るんではなくて、いろいろな人達をいっしょになって作っていきたい。

例えば学校の先生方と一緒になって、マルチメディアにどうゆうふうに共鳴すればいいのかという部分から、いろいろ研究会を持って、方言とか、民話を素材にするとか、自然環境とか。そのようなCD-ROMが売れれば社会的な意義も感じる。沖縄戦後史もぜひ作ってみたい。今やっておかないと本土のひとに押さえられる。作られてしまったら、なかなか地元のものは、入っていけないじゃないか。地元で作れるところがあると示したい」

安易な企業誘致が人材の草刈り場になったり、これまでと同じような中央主導であれば、沖縄の特質を活かせないし、逆行する形になる。やはり沖縄の持味をいかすためには沖縄の文化、歴史に十分根差した視点が大切である。

沖縄の若者に期待

「若い人達は古い制度に縛られていないから、どんどん世界を変えたり、どんどん情報を交換したり、いきなりすごいことをしたり、既存の経営者を唖然とさせるくらいの、そんな可能性がある。長いものに巻かれてもしょうがない。おとなの価値観に縛られないほうがいい。

そのためにも人材がもっと出てくるようにしないといけない。我々の後を継いでほしいし、若者なりに面白いCD-ROMとか、出してきてもいいんじゃないでしょうか。今、沖縄はCDのインディーズがすごいじゃないですか。例えばDTPで誰でも出版するようになったと同じように、CDが出せるようになった。CD-ROMでもそうだろうし、マルチメディアの作品もそうだとおもうんです。ホームページもどんどん発信すべきだとおもうんです。沖縄のよさを見つけることにつながる。何をだせばいいのかと考えれば、足下を見ないといけないわけです」

マルチメディアは創世紀にあり、これからどう展開するか、どうなるかわからない。しかし、コンピュータはどんどん進化し専門的な知識がなくても扱える時代になるだろう。便利なツールとして家庭に入り込み、一人に一台という時代がくる。どんどんネット化され、ボーダレスになっていくが、同時にアイデンティティーが必要になっていく。国境をまたぎ、個性をもった「顔の見える」新しい人間が出現してくるだろう。

【クエント・ポストビジョン】

デジタル映像編集で夢を追い求める

映像革命

ＴＶコマーシャルは、色々なクリエイターがからんで出来上がる。プランナー、コピーライター、アートディレクター、デザイナー、カメラマン、演出家、スタイリストなどがその映像制作に参加する。したがって制作する時間も費用もかかる。クリエイターの力がコマーシャルの出来、不出来を決定する。

その中で、最近、特に注目されているのが、「３Ｄコンピュータグラフィックス」や革新的に進んだ「映像編集」の分野である。「３Ｄ」といえばゲームソフトの映像が思い付くし、一般の人にもなじみがある。しかしＴＶコマーシャルの映像編集は一般の人にはなじみがないが、特に進んだ分野である。デジタル化により、マルチメディアが容易になったためである。コンピュータは日進月歩で進み、機能は向上しながら、価格はどんどん安くなっていく。一般家庭でも、パソコンと映像編集ソフトを使えば、自分で撮影したビデオ映像をコンピュータ上で文字を入れたり映像編集作業ができる。コマーシャルも同じで、デジタル化により映像編集作業が革新的に進んだ。

昔はアナログで、映像テープを別にテープにダビングして映像編集をしていた。つい最近まで、沖縄県内の映像プロダクションも、画像のデジタル処理はできなかった。コンピュータグラフィックスで映像や文字をデジタル映像編集しようにも、沖縄県内には機材も環境もなかった。機材が高額であることも一つの要因であったが、地元の編集プロダクションがデジタル映像編集の重要性についてあまり認識していなかったことも大いに関係がある。地元にデジタル映像編集できるプロダクションがないので、撮影したテープ素材を、加工し、文字を処理し、映像編集するためには、本土に行かなければならなかった。沖縄の広告代理店やプロダクションは、大体福岡県の映像編集プロダクションにもっていく。編集作業をするために、福岡までの旅費と日数がかかり、それが制作費の負担になるのである。そして広告会社やプロダクションもそれが当たり前だと思っていた。

「クエント・ポストビジョン」の名前を聞いたのは、同社が設立して間もない時期であった。当時私はクライアントという立場で、ＴＶコマーシャルを広告代理店に発注していた。撮影は沖縄で行い、映像編集作業は本土でするということに何も違和感がなかった。そんな時期に、沖縄にもデジタル映像編集のプロダクションができたことを知った。数千万円の最先端の機材を導入したということで、「思い切ったことをするところがあるな」という印象があった。

代表取締役社長の茅原善人氏は独立当時の状況を次のように語る。

「一九九四年、私が独立するまでは、沖縄には映像編集を単体でやっているポスト・プロダクションはいっさいなかった。地元に画像処理を専門にするポストプロダクションがないとだめだと、広告主や広告代理店などのお客さんからも要望がありました。私も映像を切ったりつないだりするだけではなくて、専門的な映像編集と画像処理を行うポストプロダクションが地元にないのはなぜかと、疑問に思っていました。沖縄で作って予算をかけたのにも関わらず、なぜ意図したイメージの映像表現ができないのか。更に品質が悪いのかと。例えば昼間、ロケ現場で撮影した映像素材をデジタル処理で夕景に変えるような補正一つできなかったんです。

我々が映像編集専門のプロダクションをやる以前と今では劇的に、歴然とちがいます。沖縄の企業のコマーシャルを見てもわかるように本土と差がなくなっています。ハード的な部分は格段によくなっています。あと残されているのは人間的な部分です。本土との差といえば、いかにスムーズに意志の伝達をするのか、理論に基づいて映像の企画として活かしていくか、という部分だとおもいます。

現時点で私達の技術力そのものは、ポテンシャルの二〇%もいっていないのではないかと思っています。会社も足腰がまだかたまっていない状態です。クライアントや地元の一般の人にも我社を知ってもらって、地元に根付かせないといけないと思っています。編集で最高のものを作れる拠点を作りたいですね」

一般の人が見て、すぐには分からないかもしれないが、「クエント・ポストビジョン」が独立する前と後では、コマーシャルの映像の質が良くなっているのは事実である。もちろん、すべてに「クエント・ポストビジョン」が関わっているわけではないが、最近の地元企業のコマーシャルの中には、茅原氏が言うように全国ネットで流される本土大手企業のコマーシャルと遜色がないものもある。

地元でデジタル映像編集ができるということで、コマーシャルを映像編集するためにわざわざ、クライアント、広告代理店、広告制作会社の人間が本土・福岡まで足を運ぶ必要がなくなった。時間もコストも削減できたのである。その意味で、「クエント・ポストビジョン」の貢献は大きい。なによりも、デジタル映像編集という新しいフィールドを沖縄の地元に広げたのは十分評価すべきではないだろうか。今やデジタル映像編集は、沖縄で普通に行われているのである。

〈クエント・ポストビジョン／デジタル編集室の主な特徴〉

◎Ｄ１最高画質・画像処理（非圧縮）

事実上、画質劣化ゼロを実現・県内最高水準の画質を確保・全国ＣＭ業界の標準画質を達成

◎テープレス映像編集・ノンリニアデジタル映像・音声編集
テープ編集／Ｍａｃ編集上でＥＤＬの情報入出力が可能
◎無限レイヤーの多重合成・画像処理
合成と色補正（カラーコレクション）、ペイントとテクスチャーを一括処理
◎モーショントラッキング処理
動画被写体に任意の画像を自動追尾させ合成可能
◎スタビライザー処理
手ブレのひどい映像素材を編集段階で補正（手ぶれを補正し安定）
◎拡張機能による豊富な特殊効果、画像処理
ＣＧＩのキャラクターを編集段階で傾きや方向、ライティング制御
◎Ｍ・Ｏ素材搬入
写真・スーパー・イラストなど
◎日本語キャラクタージェネレーターによるスーパー入出力
ロールスーパーやコメントも直接打ち込み可能

何気ない地元のコマーシャルであるが、舞台裏では激しく革命が行われていたのである。その恩恵を企業はよく知っているが、テレビを情報源としている消費者にとってもコマーシャル

の技術的な進化は、少なからずメリットを享受しているともいえるだろう。

地元での映像革命は、実を結んだ。

「テープの編集室だとリアルタイムに指示をだすことが出来ます。ブラウン管のなかで、まるでフィルム状に一コマづつ映像がならんでいるんです。ポインターで、ここからここまでの範囲を使うと実際目で確認しながら容易に指示することが出来るわけです。

当初は、今までの編集のやり方ではないので、当社のスタジオに来る皆さんは戸惑っていました。ただ共通した感想は『今までの編集をやっている感覚ではない。あたかもゲームをしている感覚だ』『すごく楽しい』というのが多かった。これまでのアナログの映像編集だと、テープが巻物ですから『頭とおしりを同時に見ましょう』というのは不可能でした。しかしデジタルの映像環境となると、映像を一括してみることが出来んです。ミニチュアの映像がずらりと見られます。例えば2番と4番のシーンを入れ替えることも画面上で瞬時にできるし、その過程が手に取るように理解できるのです。映像編集をＴＶゲームソフトのように簡単にできるのです」

映像編集機器

高額な悩みを買う

しかし、その一歩を踏み出すときに、大きな決断が必要であった。

「機材の購入には、家一軒プラス高級車が一台買える投資が必要でした。よくできたねと言われますが、将来的にものを考えて行き着いた結論が高額なモノだっただけにすぎないんです。最初に高額な機材があって、デジタル映像編集という発想があったのではありません。高い機材を買えばなんとか仕事ができるというのとは違います。

昔、とくにバブル時期は、いかに設備を派手にして集客力をあげるかが、ポストプロダクションの一つのやり方でした。映画のスターウォーズに出てくる宇宙船のコックピットのようにスイッチャー（カメラ・VTR映像を切り替える）のボタンをずらりと並べて、クライアントさんが来たときに、わざと電源を入れるところをみせる。大抵は暗闇ですから、暗室のなかにこまごまとしたインジケーターの明かりが点滅したりして。これでクライアントさんには演出効果があるわけです。『これは金がかかっているし、編集は一筋縄では出来ないものなんだ』という印象を与えることができるのです。今は映像業界の機材もどんどんダウンサイジングをしてきました。以前はテープの編集機材をいれると一億、二億円は当たり前でしたが、同じことが、品質の劣化をともなわずに、デスクトップの大きさで出来てしまう。今は、バブル期の十分の一以下でも出来るようになりました。物はシンプルに、設備は派手じゃなくて、中身で勝負しなければいけません」

その数千万円もする機材を見せてもらったが、確かにビデオデッキのような大きさであった。ひとくちに数千万円といっても、個人企業にとってはけして小さな金額ではない。もちろんこれは機材だけの値段であって実際に会社を立ち上げるには、もっと資金が必要となる。

銀行に融資を頼んだが、なかなか融資してもらえない。銀行としても、いままで見たこともないポストプロダクションという形態をうまく理解できなかったのも無理はない。茅原氏は、それでも諦めずに銀行を説得した。

「銀行を説得するために、約半年、いや八カ月かかりましたね。その間は一文無しです。それでも必要経費などの出るものはたくさんあるじゃないですか。少ない自分の貯えや身内から借りたりしました。終いには所持金が何百円とかでした。八ヶ月ずーと銀行と交渉です。私には何のバックもないじゃないですか。会社を設立して、何千万円の設備投資もして一人でやることに対して、銀行の担当者は納得しないわけです。『こんな話があるのか。前例は』というわけです。私は『そうじゃない。市場はこういうことを求めている。具体的な声もある』と説明するのです。もちろん広告主である地元企業をまわってマーケットの話をまとめました。具体的な映像テープを持参し、どれだけ映像編集でどう変わるかということを銀行に説明してまわりました。八ヶ月間そのくり返しですよ。銀行に足を運ぶ中で担当者が人事で移動してかわってしまったりして、また最初から説明しなければなりませんでした。この交渉に一年かかっても設立まではぜったいに頑張ると堅く心に決めていました。

しかし、その八カ月間は挫折感を味わいました。『だめだ』『八ヶ月もたってできないというのはどういうことなんだ』と。銀行の担当者も問いかける。『本当にあなたはできるんですか』。なんども私に暗示のように問いかけるのです」

茅原氏の理想とするポストプロダクションには、数千万円の投資が必要であった。個人には大きな投資である。銀行が出し渋るのもわからないでもないが、当時、沖縄にポストプロダクションをつくろうとする茅原氏の意気込み強さが、銀行の融資に結びついたのである。八ヶ月継続して銀行と交渉するのは精神的にもつらいが、そういうことを乗り越えてやってきたのである。銀行から融資のＯＫをもらって、茅原氏はその時から眠れなくなったという。

「ようやく融資にこぎつけて、さぁいよいよスタートだと思うと身が引き締まりました。準備期間でも眠れず、それから毎日が緊張の連続でさらに眠れなかった。ピーク時の睡眠時間は平均一、二時間くらいでした。独立して半年くらい一人でなにもかもしていました。人を使わないといけないけど、人を育成し使うのは難しいですよね。悩みを高いお金で買ったような気がしました」

現在では設備機材も、どんどんダウンサイジングが図られている。性能は向上しながらどんどん価格がやすくなっている。現時点で、ポストプロダクションを行う会社は個人も含めて数十社あるというが、はじめの一歩は大きい。眠れないくらいの悩みをお金で買ったようなものだが、それに駆き立てたのは何だったのであろうか。

自分への挑戦

茅原氏の話を聞いていると、常に自分へ挑戦する姿勢を感じる。

映像編集マンとして自分が何を提供できるのか。自分に問いかけ、自分のアイデンティティーを探し求めている。これまであるような既存のスタイルには満足できなかった。現状を変えるというのは誰しも考えることであるが、実際やるのはむずかしい。

人には、それぞれ人生のターニングポイントがあると思うが、茅原氏は世界の放送クルーが集まる国際的な陸上大会が大きな転換点であり、自分のアイデンティティーの確認する機会でもあった。

「一九九一年に、日本テレビで米国のカール・ルイスが世界記録を出した世界陸上東京大会のスタッフ募集があったんです。僕は沖縄からの実質代表で、ただ一人でした。九州からは三人程度参加していました。その世界陸上が、自分がプロの映像編集マンとしてやっていけるのかという壁でしたね。世界陸上の様な国際大会には世界各国から放送クルーが集まるわけです。しかも、そこの開催国（日本）のスタッフを使うわけです。日本テレビが代表権をもっていましたから。そこには、対応する報道・放送施設を含めた編集室が用意してあり、仮設スタジオも完璧に造られていました。

私は東ドイツの編集担当で、もちろんドイツ語はできないんで、通訳をつけてもらいました。しかし、専門用語が介在する中で、コミュニケーション不足が出てくるんです。日本から代表として顔をだしているんだし、もし一流の人たちに対応できる技能が私になくて失敗に終わったら、この業界から身を引こうと思っていました。覚悟はしていたんです。

衛星回線だけでも、分何百万円と経費がかかるんです。回線が開きっぱなしですから、今すぐ編集済みのニース映像を流さないと何百万円も浪費することになる。ニース報道ものは一分一秒でも早く編集して流すという義務があるわけです。しかも、取材した素材のテープはギリギリにしかこない。昼間取材を終えて取材クルーが来るのは夜の七、八時です。それから編集して送り出しが九時半です。それぞれの国では生放送で流したり、向こうで編集するからもっと早くほしいと言うわけです。

私の担当したブースだけ様々なトラブルが続いたんです。ナレーションを吹き込むための所と編集室を綱ぐ音声回線が自分たちのブースだけ聞こえない。隣のブースは順調なんですけど、うちのところだけはダメなんです。もちろん音声は決まっていますから、音声の担当者をつかまえてきて直してもらうしかない。ドイツ放送担当者は『なんでこんなことなるんだ』『時間がないんだ』と怒鳴られたあげく、やっとの思いで放送時間に間似合わせて編集を完了させました。トラブル続きではあったのですが、それが自分にとって良かったのではないかと思います。

自分の中では、今後も映像編集でやるのか、まったく違う業種を選択するのかという転換期でした。そして沖縄に戻り、改めて編集しかないのだと、日を追うごとに感じ、自分はコマーシャルをやろうと決意しました。それで編集や画像処理、動画を磨いて、自分ならではのサービスを提供できないかと考え、コマーシャルに特化したポストプロダクションの再構築の仕事にいきつきました。以前所属していた会社の社長に、この業界の現状とこれからについて自分のビジョンを提案したのですが、編集を重視して考えてもらえなかった。『なぜ理解してもらえないんだ。編集・ポストプロダクションで映像にもっともっと付加価値を与えることが出来るのに』と……。クライアントに対しても、市場に対してもその価値たるや計りしれないものがある」

映像編集マンとして世界の放送レベルというものを経験して、茅原氏自身の映像編集マンとしての自信にもつながったのであろう。そして自分が何をすべきであるのか、できるのかを確認した。映像を磨く仕事の重要性を認識していたが、当時は、編集に特化し、映像に磨きをかけることは、沖縄の業界では出来なかったのである。具体的に実現するには、自分が動くしかない。それが「クエント・ポストビジョン」を立ち上げるきっかけになった。もちろん、本土のポストプロダクションを視察したり、県内の需要も企業をまわりながら、デジタル編集の重要性を確認している。こうして茅原氏は会社設立にいたるわけだが、社名「クエント・ポストビジョン」にも彼の理念が込められている。

「よく分かりづらい名前だ言われます。『クエント／Ｑｕｅｎｔ』というのは造語でして、我々が理念としているものです。英語で『クエスト／Ｑｕｅｓｔｅ』というのがあります。それと『エンタープライズ／Ｅｎｔｅｒｐｒｉｓｅ』。その頭文字を抜き出したのものです。『クエスト・オブ・エンタープライズ』を掲げているのです。これまでにないものを追求する、追い求める、という意味があります。『ポストビジョン』のポストは『次世代』とか『後継』という意味があります。ビジョンは『理念』であり、事業するためのコア的な考えです。ないものを追い求めた暁には、きっと道が開けて当たり前になっていくだろうという考えがあるんです。

また『ポスト』というのは放送業界の中で、『後処理』のことを『ポスト・プロダクション』というのです。一方、カメラマンやディレクター達が現場で撮影などを製作することをプリ・プロダクションといいます。『プリ』があって『ポスト』がある。私は映像の素材を受けてそれを編集で磨き、素材以上の魅力を引き出していきます。企業が訴えている、商品のアピールがあったり、メッセージに磨きをかけていきます。後処理の映像編集業務であるけれども、それ以上の付加価値を与える企業にしたいというのが我々の一貫した考えです。『未知なる映像表現を追い求めて』という考えを掲げてやっています」

茅原氏は理想を追い求め、突き詰めて考えるタイプである。事業を立ち上げ、すすめるためには、理念が高くないといけない。沖縄では中小零細企業が多く、理念をかかげて事業をすすめるということがなおざりにされる。商売は儲けないといけないが、経営者に高い理念がないと独自性を打ち出すことができない。企業として何をするのかというアイデンティティーがないと待ち構える大きな壁を乗り越えることができない。世界的な自動車会社・ホンダの本田宗一郎氏も小さな町工場時代に、すでに世界を視野にいれていた。将来どこに目標をかかげていくかというのは、企業のいく方向性を決定してしまうのである。これからの企業は、理念を高くもっていないといけないだろう。それが独自性を生み出すもとになり、商品やサービスに具現化されるのである。

茅原氏は、自己実現していくなかで、デジタル映像編集という分野に足を踏み込んだ。その小さな波紋は、沖縄の映像編集の先駆けになると同時に、コマーシャルを作る地元クライアントにも大きなメリットをもたらした。コンピュータは日進月歩で進歩していく。県内でデジタル編集というはじめの一歩は「クエント・ポストビジョン」が印したが、社名のように、常に新しいものをクリエイトしていくことが必要である。

編集マンからクリエイターへ

現在の映像編集という業態では、映像素材を単に切ったりつないだりする作業だけでは、顧客のニーズに応えることはできない。デジタル環境の可能性は、クリエイターの頭のなかにあるものを具現化できるということにある。茅原氏も当初はアナログでやってきた編集マンを採用したそうだが、現在は、編集経験のないクリエイターを採用している。

「現在私も含めて五人。設立当初は編集が出来る人間を採用していたが、現状の要望では編集の技術の範ちゅうではおさまらないのです。コンピュータグラフィックスとか多種多様なものがはいってくるし、アートワークができる人間が求められてくる。今はスタッフは全員デザイナーです。まったく編集をしていないスタッフも採用しています。

二、三年前から企画の段階からコンテを書き起こして提案しています。人に伝えるためにはデザインを含めた編集が必要です。ただ色をつければいい、ただ、やみくもにつなげて修正をすればいいというのでは相手は納得しない。ちゃんとした意味合いを考えることが求められています。我社ならではのサービスをしなければならない。時代とともにつねに変化していくものであるし、それがないと、この業界は務まらない。映像編集だけではなくて、広い視野でみていかないといけません」

デジタル化で印刷メディアや広告業界が変わっていったが、映像編集でも劇的に変化をもたらした。マルチメディアの洗礼を受けて、ポストプロダクションという概念もどんどん進化しないといけない。『クエント・ポストビジョン』は、そういう意味でデジタル映像編集を含めたポストプロダクションという分野に特化することにより、デジタルメディアの世界の扉を開いたともいえる。アナログだけの映像編集マンが通用しなくなるのはデジタル化時代という背景が大いに関係している。ある意味で残酷でもあるが、それが現実である。

映像編集の仕事も、デジタル技術の進化により、その役割はどんどん変化するのは間違いない。デジタル化がどんどん進む中で映像編集マンもクリエイターという要素が必要になる。

どれだけ付加価値を与えることができるのか。コンピュータに使われるのではなくて、使いこなすことが必要である。

デジタルはアナログ

「今は、早く映像編集が出来きて再現性もあるので、納得いくまで何度でも映像が再現して見ることができます。最初は生産効率が上がりましたが、クライアントも、いろいろ出来るのであれば、いろいろ新しいものを作ろうということになり、結局昔より作業時間がオーバーするようになりました。ハードに人間が追いつくと、制作に時間をさらにかけることになる。クライアントの要望にスピーディーに対応できるものですから、品質は向上しましたが、作り手側の時間的、精神的負担がかなりあります。

反面、コンピュータに指示を与えてレンタリングという計算処理している間は、映像編集作業が何も出来ない時間が生まれます。その時間にお客さんとコミュニケーションがとれます。これはいままでなかったことです。昔の映像編集作業は、データを打ち込むだけなんですよ。端から見ると何をしているかわかないし、作業に立ち会う方々ともなかなかコミニュケーションもとれなかった。今は、レンタリングの時間があるおかげで、次回作の話もできるようになりました。いい環境になりました。今や編集室はクリエイターのつどいの場所になっています。いろんな人たちが来ます。クライアントから製作会社、カメラマン、コピーライター、デザイナー等も、皆顔をだすんです」

最初のうちはクライアントや制作会社の人間も、デジタル処理による映像編集の世界に圧倒されているが、すぐにデジタルの可能性に気がつく。どんどん要求がエスカレートしていく。そうすることで、コマーシャルもクオリティーの高いモノができるのである。

クライアントとコミュニケーションができるということで、ポストプロダクションが下請け的な制作会社ではなくて、様々なプレゼンテーションが可能になったのはまちがいない。独自で企画提案もできるようなレベルまでもっていけるように体制を整えたいと茅原氏は語る。

地元の企業も、デジタル映像編集ができる「クエント・ポストビジョン」をうまく活用はじめている。本土から制作会社のスタッフを呼んできて、「クエント・ポストビジョン」で編集作業するのである。本土の企業も編集を同社で行うところもあるという。もちろんコストが安いということもあるが、今後は、リゾート施設とからめた編集スタジオの設立も考えられる。

編集という部分に特化しながらも、幅広いクリエイト能力が必要となる今、機械的なデジタル部分と感性と言うアナログ部分をどちらが欠けてもいけない。

「デジタルでやっていますけど、アナログ的な要素は重視しますね。自分達が感動できなくて人を感動させるとはできないと思います」

茅原氏が、新しい分野を切り開き、どう立ち向かっていくかが楽しみである。

【月刊　琉球舞踊／㈲シナプス】

沖縄芸能の今を伝える癒しの雑誌

レンズ越しに迫る踊り手

躍動感のある写真が誌面から飛び出てくる。月刊誌「月刊琉球舞踊」のページをめくったときの第一印象であった。琉球舞踊の専門誌ができたということで、地元のマスメディアでも取り上げられた。「琉球舞踊」というと、これまで沖縄の観光関連の雑誌などにコーナーの一つとしてあるくらいで、このように芸能を幅広く取り上げている雑誌は「月刊琉球舞踊」が最初である。ビジュアル中心の分かり易い編集に、専門性を加えながら沖縄の芸能を広く一般に伝えようとする編集者の思い入れを誌面から強く感じた。同時に、琉舞の専門誌が月刊で出版を続けることができるのであろうか、採算がとれるのかと案じたりもした。

「月刊琉球舞踊」の編集・発行しているのは、豊見城村の豊見城団地近くに事務所を構える

「㈲シナプス」である。発行人・編集長の砂川敏彦氏は三十代後半のさわやかな印象の好人物である。氏は、いわゆる琉舞関係者ではない。琉舞を習っていたとか、あるいは沖縄の芸能に携わったことはない。なにが砂川氏を沖縄の芸能に導いたのだろうか。

「東京でライターの仕事をしている時に、知り合いにカメラマンの方がいたんです。彼はパキスタンとか、インドあたりをよく行く人で、自分が写真を撮るから私に文章を書いてくれといわれ、いっしょに行かないかと誘われたのです。それで、一九八三年にはじめてアジアへ旅行しました。その旅行をきっかけに私も写真を撮りはじめて、現在も写真を撮っています。東京在住最後の海外旅行は、たっぷり一年かけて世界を回ろうと考えていました。しかし、資金が途中で途切れてしまって東南アジアを半年間歩きまわっていました。現地の舞踊も好きでよく見ていました。旅先の新しい場所に踏み入れたら図書館とか、博物館、美術館や劇場にはよく足を運んでいました。私が二五、六歳の時ですね。旅を終えて、そのまま東京に戻るつもりだったんですが、ちょっとしたきっかけで、沖縄の居ることになりました」

砂川氏は沖縄に戻ってきた時は、まだ沖縄の魅力に取り付かれていなかった。

「県が主催して毎週火曜に一団体が毎回出演する『かりゆし芸能公演』というのがありますが、これを見に行って写真を撮ったんです。それがきっかけです。びっくりしましたね。『こういう世界があるのか』と。

沖縄タイムス系と琉球新報系があるんですが、ほとんど同時期に琉舞のコンクールをしています。そのコンクールのお披露目公演を見たときでした。写真を撮ろうとレンズ越しに覗いていると、踊り手が目を反らさないで迫ってくるんです。撮れるものなら撮ってごらん、という感じで―。これにはびっくりしました。琉球舞踊に余計のめり込みました。

それまで写真を撮るのは主にアジアだけだったんです。本土のカメラマンは沖縄の写真を好んで撮りますけど、私は沖縄の自然や人物を被写体として撮りたいというのが全然ありませんでした。初めて沖縄で撮りたいとおもったのが琉球舞踊でした。被写体としての琉球舞踊にのめり込んでいました。それが三年前です」

東南アジアを旅すれば、次第に現地の歴史、文化、風土、生活など多くのものが見えてくる。様々な土地の文化と触れあう旅を続けることで、砂川氏は、自然に沖縄の歴史、文化などが客観的に見えてきたのではないだろうか。そこに「琉球舞踊」が飛び込んできたのだ。

「エイサーや他の沖縄の伝統芸能をやっている人は多いのですが、芸能をやらない人はまったく知らない状況があります。私も最初はわかったつもりだったんです。舞踊はこういうものだろうと思い込んでいました。しかし、もうちょっと一歩踏み入れ、いったん芸能の世界を覗いてみるとすごい世界だなと感じました。エイサーもそうだったんです。

『全島エイサー』を見ましたが、本当にびっくりしました。エイサーの青年会を写真を撮りながらおっかけ回したことがありましたが、感動して涙が出てきました」

本物は五感で感じる

灯台もと暗しというが、われわれは案外沖縄の芸能のすばらしさをあまりにも身近すぎて、認識できていない。結婚披露宴などの祝いの席で沖縄の舞踊や芸能を見る機会があるが、通り一遍の見方しかできていないのではないだろうか。沖縄の芸能はとっても幅広いものである。

◎組踊り
舞踊、音楽、台詞からなる戯曲。能狂言、歌舞伎を参考に玉城朝薫（一六八四～一七三四）が創作し、一七一九年初演した。
◎古典舞踊
老人踊り、若衆踊り、女踊り、二才踊りがあり、十四～十九世紀の琉球王朝時代に完成した王朝をしのばす踊り。
◎雑踊り
明治以降に芝居で創作振付された踊り。花風、谷茶前、鳩間節など。
◎民族舞踊
各地で伝承された踊り。
エイサー、京太郎、打花太鼓、白太鼓、獅子舞、クイチャーなど。

◎古典音楽
湛水流、安冨祖流、野村流があり三絃が中心。かぎやで風、こてい節などが主曲。
◎獅子舞
大陸から信仰と共に伝来。
◎古武道
空手、棒術。
（「沖縄観光情報ファイル」沖縄ビジターズビュロー）

沖縄が「歌と踊りの島」と形容されるのは、琉球王朝時代に芸能が奨励されたことが大きい。中国から来る冊封使を歓待するために琉球王府に「踊奉行」という特別職が作られ安司、親方など、今でいう東京大学出身の出世コースを歩むキャリアが任命された。役者も上流階級の子弟で学校も首里、那覇、泊にあった。その中で組踊りが完成したのである。バックグランドには、エイサー、クイチャーなど地域で伝承された芸能や民謡など各地で盛んに行なわれていた素地があったことも大きい。

沖縄市の「プラザハウスショッピングセンター」で、インドネシア・バリの踊りを見る機会があった。細かくデザインされたきらびやかな衣装をまとった女性の優美な踊りとガムランの心地よい音色が遠い記憶を呼び覚ます。昔の沖縄の田舎の風景を思い出してしまうのである。バリの踊りに沖縄の踊りや音楽がオーバーラップされてくるのだ。バリの踊りは初めて見るのであるが、なぜだか懐かしさを感じた。バリの踊りを見ながら、沖縄の舞踊を認識していたのかもしれない。

　同じように砂川氏も、そのように感じたのではないか。本物は頭より五感で感じるのである。砂川氏は、当初は外国で写真は撮るが、沖縄では何も撮るモチーフがなかったと言っている。しかし、ファインダー越しにのぞいた沖縄の琉舞に魅せられたのである。それから芸能にのめり込んでいったのだ。無関心、あるいは否定的に見ていたものが、外の世界を見て経験することで再認識される。アイデンティティーの再発見とおおげさに言うつもりはないが、既成概念を取り外し人間の本能で受けとめたときに、言葉には表現できない感動がある。海外の音楽でも言葉が理解できなくても、その音楽からこぼれる感情や想いを感じられる時がある。外国の場合、変に先入観がないので、受け入れられる素地ができているのだ。外国の本物に触れたときに開眼した感性が、地元の沖縄の芸能、工芸などの文化や自然を見たときに改めて、世界に通用する本物を感じとることが出来るのだろう。

砂川敏彦編集長

業界と一般との乖離

「レンズ越しに感動した琉舞を、なんとか地元のひとにも伝えられないか」と砂川氏は考えた。沖縄は「芸能の島」とか形容される。確かに様々な踊りや民謡、古典音楽などがある。しかし、具体的に何がすばらしいのかわからない。芸能という世界が一般の人には見えてこない。砂川氏は芸能に感動する一方、具体的に芸能を紹介するものが作れないかと考えたのが雑誌「月刊琉球舞踊」であった。

「沖縄はすごい、すごいと言われますけど、どうすごいのか位置づけられる人は少ない。それをある程度客観的にしようと、こういう雑誌を出版することにより、ちょっとずつ勉強できたらいいなと思っています。琉球舞踊はインドネシアのバリの踊りとよく比較されますが、ヒンズーやイスラム教との関係も研究されると面白いとおもいます。沖縄は小さいながらも独立国であったわけですよね。こんな少ない人口で小さい島国に、こんなに芸能が育ったというのは本当に不思議です。その凄い沖縄の芸能を県外・海外の人たちに知らせていきたい。この雑誌は継続していければ、かならず新しいことがでてくると思っています。

『全島エイサー』は前夜祭を含めて二三万人の方が見に来ています。本土からも海外からも来ています。また組踊り劇場も出来る予定で、本土から沖縄の芸能をみたいというニーズがたくさんあります。本土でも『琉球舞踊を習いたい』というニーズをどうとらえて活かすかという問題意識があります。沖縄は芸能が盛んだといっても、いざ舞踊や三線を習いたいというときに、どこにいけばいいのか、具体的な情報が整備されていません。琉舞をやりたい人一人ひとりに門戸を開いてやれるような体制をつくっていかないといけないと思います。

沖縄の芸能の世界をもっと知らせたい。それのためにできるだけ多くの公演を記録として残したり、もっと客観的な立場で見る必要があります。みんな意見をもっていますが、沖縄至上主義で簡単に『沖縄はすごい』と考えていると足元をすくわれる。どうすごいのか。客観的にみないといけない」

沖縄の全てにいえることだが、行政や民間でも情報発信が非常に苦手である。情報を発信するためには情報を整理しなければならない。情報を整理して体系化するのは簡単のようで非常に根気がいる作業である。

観光客は年間約四百万人も沖縄にやってくるが、観光客の方が沖縄のことを知っている場合が多々ある。毎年、毎月のように発行される観光雑誌で、沖縄のスポットが取材されて掲載されている。お決まりの観光地ではなくて地元の人が探して行くようなところも多く紹介されている。例えば本部町の山の中にある小さな喫茶店にいくと、本土観光客の女性客が数人いた。おそらく観光ガイド雑誌などの情報を頼りに探してやってきたと思うが、地元の人でも知らないのにと感心した。地元のそういう情報は、本土出版会社の沖縄ガイド雑誌から情報を得る場合が多い。もちろん公的機関から情報も整備され公開されている。沖縄・地元の情報を得るのに本土出版の観光ガイド雑誌を買うのは奇妙だが、情報として整理されているので便利であるのは確かである。なぜそうなるのかというと地元の出版社で情報を網羅した情報誌が少ないからだ。

同じように、芸能が盛んな沖縄であるが、一般の人には何がどうなっているのかわからない。地元の人がそういう状態だから本土からみれば、ますますわからない世界である。「なにも一般の人にわかってもらわなくてもいい」という考えが業界にあるのかもしれない。芸能の業界は、より一般に裾野を広げる努力をしてきたと思うが、効果があったのかと問われれば疑問符がつくのは確かである。沖縄の芸能だから、沖縄の人は皆知っていると思い込んでいるのかもしれない。芸能に限らず伝統工芸でも同じような状況だろう。業界と一般の乖離が感じられる。

沖縄の文化を観光の資源として扱われることに抵抗を感じる人がいるが、文化を大切にというわりには、芸能や工芸を分かり易く一般に広げる努力をしている人は皆無に等しい。文化、文化と言って囲いを作ってしまい井の中の蛙になってしまっては、生きた化石になってしまう。文化というならば、業界をあげて地域に根差すことをしなければならない。すでに地域に根差していると反論されるかもしれないが、トップレベルのプロが一般の人や子供たちに教える機会はほとんどない。例えば琉舞なら全島の学校と提携してカリキュラムとして組み入れることもできるだろう。そのような裾野を広げることをしていかないと、飾られたままの伝統文化になってしまう。

琉舞とエイサーを単純に比較は出来ないが、エイサーが一般に馴染みがあるのは、土着性があるからである。毎年開かれる様々なエイサーは観客もいっぱいである。琉舞も地域に根づくような活動を活発にすれば、新たな展開があるのではないだろうか。そういう視点から見ても「月刊琉球舞踊」の役割は大きい。

読者と小さな企業に支えられる

砂川氏は、取材、編集、営業も兼ねているので、編集の時間が十分に取れないことに頭を痛めている。

「創刊号は話題性はありましたが、販売部数は予想を下まわり、ようやく最近口コミで伸びています。創刊号が九八年の十一月なんですけど、それ以前から写真はずっと撮っていました。なんとか九八年中には出版したかった。創刊号を出すために実質的に半年くらい動いて、マーケティングも自分なりにやりました。

印刷コストをいかに落とすかが問題で、取材も最少単位でやっています。最初は取材二人で、事務が一人、製作を外注していました。今の体制は三人です。営業、編集一人、もう一人が事務をしています。ＤＴＰでやっています。本当に人数がすくないんです。

琉舞に関心のないひとに目を向けさせたいというのがあって、活躍している若い人を取り上げています。若い人が生き生きと踊っている『かりゆし公演』とか、若い人たちの発表の場を中心に取材しています。こういう若い人たちにスポットを当てるのが編集方針なのです。そしてビジュアルで読者を引きつけるようにしています。この二点が基本です。

一番苦労しているのは営業面です。つかみ本ができる前は、全然相手にされませんでした。つかみ本ができて雑誌の形態が具体的に見えてきたら『あっ』という感じです。いろいろ地元企業をまわったんですが、なかなか本ができても、受け入れてもらえなかったですね。販売店の担当者も『八百部売れればいいほうじゃないか』と言われました。琉球舞踊はマニアックというわけです。『こんなマニアックな雑誌は売れない』と。どうしようかなということで、最低一年くらい出版し続けないと認められないのかなという感じでした。三カ月、半年で売れるとはおもっていなかった」

創刊号は、マスメディアでも取り上げられたが、思ったほど売れなかった。新しいことを始めようとするとき、いくら企画書で説明しても相手も納得してくれない。具体的に表現すれば理解も早くなる。本のサンプルを作ってやっと何がやりたいのかが相手にも伝わる。琉球舞踊の雑誌を作ろうといっても、参考になるのはない。まったくの手探り状態でやるなかで、営業面での苦労は大きい。沖縄の物産と同様に本を作ることが出来ても、作ったものをどのように売るのかという壁に突き当った。

業界べったりではないので、見込める発行部数も限られる。しかし沖縄に関する雑誌は県内よりも県外で売れる。「月刊琉球舞踊」の特徴は、県外もそうだが海外でも評価されているということだ。沖縄から移民など海外で暮らす沖縄関係者から注文があるという。

「おかげさまで本土の方が反応が良くて、東京、大阪、ハワイ、ロスアンジェルスからも注文があります。現在の定価が六八〇円。最初は四八〇円にしていたんです。広告がもうちょっと取れるだろうと思っていました。いざ蓋を開けてみると思うように広告が取れなくて、直前で定価を変更しました。広告でお金をもらうのではなくて、雑誌を売って儲ける。それで発行部数を増やしていこうと。本来それが健全なやりかたで、広告を載せたい企業があれば載せましょうというふうに営業方針を変えました。一部でもとにかく多く売ろうと。

創刊号からずーと広告を載せている三線店がありますが、本土からも注文が来ています。大きい企業よりもそういう小さな企業に支えられています」

月刊 琉球舞踊

ライブ感が命

「月刊琉球舞踊」のページをめくると、生き生きとした写真を中心に構成されている。もちろん取材した記事や専門家が書いたコラムなども興味を引く内容もあり面白いが、琉舞などに詳しくない一般の人を引きつけるのは動きのある写真である。舞台の踊り手を撮影しているので多少写真の粒子が荒れているが、逆に迫力のある写真になっている。

砂川氏はなによりも自分自身が感じた内なる感動を読者に伝えたいのである。

「琉球舞踊はどんなにテンポのおそい古典でも静止しないいんですよ。日本舞踊というのは決めのポーズがあります。そのポイントで写真を撮るんですが、琉球舞踊は止まっていないいんです。決めのポーズらしき箇所は何ヶ所かありますが、決めのポーズだけ撮っていると写真が死んでしまいます。だから次のポーズにいく瞬間とか、決めから次のポーズにいくところとかを撮っています。私の写真は写真の専門家からいわせれば邪道なんですけど、生きた写真をとりたいんです。スタジオ撮影とかで、照明を当ててかっちりと撮ると写真は死ぬんです。基本的には舞台で踊っている写真を全部載せています。粒子があらくても実際踊っているライブ感が大切です」

琉球舞踊は静止しないということが新鮮であった。それが日本舞踊との違いであるという砂川氏の説明に納得した。彼がなぜ踊っている写真を撮るのかというと、動きが琉舞の命であり、魅力であることを読者に伝えたいのである。写真は動いている瞬間をとらえたものである。確かに止まっているが、それは動きのある瞬間であり、踊り手の鼓動や感情、音楽が聞こえてきそうな感じである。砂川氏が、スタジオで撮らないのは、そうした理由からである。その違いは大きいし、読者に説得力をもってくる。

砂川氏は、専門家と違う視点で琉舞をとらえている。知識というよりも、五感で感じる琉舞への思いを素直に表現することは勇気が必要だ。そこが読者の共感を呼んでいる部分ではないだろうか。なるほどこういう解釈もあるんだということで、一般の人も気軽に琉舞に対して興味を示すのではないだろうか。

一般の地元人に読んでもらうことが「月刊琉球舞踊」の使命である。今後も実験的な取り組みも必要だろう。

癒しの雑誌

「本のタイトルは『月刊琉球舞踊』ですが、琉舞から三絃、芝居、エイサーまでカバーしています。沖縄の伝統芸能の総合誌という位置づけで、取り上げる芸能はたくさんあります。

東京は紀ノ国屋にも置いています。本土の県庁所在地の大きな本屋や沖縄県物産公社の『わしたショップ』、全国の図書館にも置いています。スペイン語、英語にも翻訳し海外にも発信しています。海外の沖縄の県人会、ブラジル、ハワイとか、そこの方たちに沖縄の舞踊をお伝えしたいなと思っています。

もう少しスペイン語のページも増やしていきたい。本当は特集一つでも三、四カ月かけてじっくり作りたい。しかし現状はそうなっていない。短期間でまとめてやっています。本来はもっとじっくり時間をかけて特集は作りたい。保存版というのかな、これを十二冊あつめたら、その年の芸能が全部網羅されているという状況にしたいです。そういうつもりで取材もしていますので、公演で誰が踊ったのかという記録性も加味してます」

創刊して約一年。前例にない沖縄の芸能雑誌だけに、特に営業面では苦労しているが、砂川氏の読者に琉舞の魅力を伝えたいという情熱がこもっている雑誌である。

レンズを通してみた琉舞の感動を読者に伝えながら、沖縄の芸能を掘り下げ、自分自身のアイデンティティーを確認しているのではないだろうか。

「本土の人が沖縄に目をむけて琉球舞踊やエイサーをするのは、共同体を求めているからではないでしょうか。今、大学生、高校生の若い人たちの間では、地元の青年会のエイサーに入るのがトレンディーなんです。僕らが小さいころは、沖縄の伝統芸能というのは、なじみのないものでした。フォークとかロックとかの方が親しみやすかった。今は逆転しています。

ますます人間疎外が進んでいるというか、沖縄でも那覇などの都市部では人間と触れあうのが下手になっています。人と話すのができなくて閉じ込もりがちですから、そういう人達が増えれば増えるほど、沖縄の伝統芸能に、本土の人も地元の若い人も吸い寄せられてくるのではないでしょうか。今、沖縄にこだわっている人が多いじゃないですか。自分たちはこういうところの生まれなんだ、自分達はこれなんだ、という確かなものがあれば、安心感を得られると思います」

砂川氏の話を聞いていると「月刊琉球舞踊」は芸能雑誌の枠を超えて、沖縄の人のアイデンティティーを確認する雑誌だということが、なんとなく理解できてきた。エイサーに若者が熱中するのは、現代人が忘れかけているものがそこにあるからだ。

「琉球舞踊を見たり、エイサーを見たら自然と涙が出てくる。どきどきしますね。ひとつの癒しじゃないでしょうかね」

砂川氏の「癒し」という言葉が印象的であった。砂川氏は、「月刊琉球舞踊」を通して琉球舞踊で感じた「癒し」を、読者に伝えようとしているのだ。

【ゆんたくすば御殿山】

赤瓦屋敷で味わう手打ち沖縄そば

探していく店

「御殿山（うどぅんやま）」という沖縄そば屋を知っているだろうか？　そばじょーぐーならば、知っているだろう。最近は観光ガイドマップにも掲載されて、人気の沖縄そば屋である。名前は知られているが、案外その場所は知られていない。知られていないというよりも、非常に分かりにくい場所にある。

四、五年前くらい、「御殿山」を情報誌でみつけ電話を入れて場所を教えてもらったが、首里石嶺町のくねった迷路のような道に入りこみ、なかなか店が見つけられない。結局二、三度電話で場所を教わり、やっと店に辿り着いたことを覚えている。おそらく道順がわからず、「御殿山」でそばを食べるのを道中で断念した人もいるのではないだろうか。

場所は城北中学校の向いの高台にある。ごちゃごちゃとした住宅地の中にあるため、よくある食堂を予想していたが、そこだけが時空をこえたような異空間で、突然視界がひらけた感じがする場所である。コンクリートだらけの石嶺の市街地とちがい、そこだけがオアシスのように緑におおわれているのだ。駐車場には砂利が敷き詰められ、数台がとめられるようになっている。赤瓦屋根の昔ながらの民家をそのまま店舗にしている。入口のところには桑の木が生い茂り、筆書きで「御殿山」とかかれた看板がかかっている。看板が出ていなかったならば、民家と間違えてしまうだろう。

入口の門をくぐり砂利でしきつめられた庭先にまわる。庭には木で作られたテーブルと椅子がある。バーベキューパーティーでもできそうなスペースである。「御殿山」はそば屋でありながら、田舎の遠い親戚の家を訪ねたような感覚になる。何か懐かしさがそこはかとなく感じられるのだ。店構えをはじめて見た時に、そばの味を期待してしまう雰囲気があった。

平日の昼に行ったのだが、駐車場も車でいっぱいで、店にもけっこう人がいる。ＯＬらしき若い女性客やサラリーマンや作業服をきた中年の男性もいた。驚いたのは、レンタカーの観光客が来ているということだった。地元の人間でも場所が分りづらいというのに、どのように探して来たのか不思議だったが、おいしい評判がたてば、どんなところでも探してくるのだということを改めて認識した。不便なところにある店でも、その店に魅力があれば、お客さんはわざわざ探してでも行くのである。これは、どんな商売にでも当てはまることである。

例えば既存の商店街が元気がないのは、郊外型のショッピングセンターにお客を取られたのとか、駐車場が備わっていないからという原因がよくあげられるが、それが根本的な要因ではない。基本的に商品や品揃えなど店自体に魅力がある店が商店街に少ないから、商店街からお客は離れるのである。逆に魅力があれば、駐車場がなくて不便であっても、お客さんは、その店を探してでも行くはずだ。商店街の問題は店に顔がない為に、商店街全体が見劣りしてしまっているのが大きな要因である。そういう事実に気がつかないで、外的要因に商店街の不振を結び付けるのは、長い目でみても良いことではない。根本的な要因を改善しなければ、商店街の近くに駐車場を造ってもお客は戻ってはこない。

どうせやるなら赤瓦屋根で

店舗名や赤瓦屋根の店舗を見ると何代も続く年月を重ねた老舗の店だろうと思っていたのだが、「御殿山」の歴史は浅くて、一九九四年の創業である。

「御殿山」のオーナー知念ひろし氏は、以前、ある人からそば屋を引きついで、そばの麺工場と食堂を経営していた。元々そばにはこだわりをもっていたのである。その後、工場と食堂は閉鎖したものの、氏の所有する不動産会社のユイマールカンパニーで、五年ほどお客さんや友人知人を集め手打ちのそばを出して、土曜日は「そば会」を開いていたという。切っても切れないそばと知念氏の関係は、再度、そば屋を開くことにつながるのである。

「そば屋は前からやりたいとおもっていました。私の妻と妻の姉が、ちょうど手があいたものですから、そば屋をするかと聞いたら『やる』というので、六年前くらいですかね、この店舗をオープンしたわけです。どうせやるのであれば、赤瓦の屋根で食べるほうがおいしいだろうおもっていました。理想のそばをおいしく食べられる雰囲気はなにか、と考えて思い浮かんだのが、赤瓦屋根の一軒家で、ちょっとした庭があったら、ゆったり落ち着いて味わうことができるのではないか。一年くらいずっと赤瓦屋根の家を探していまして、現在、店舗になっている家を見つけ、貸してもらえることになりました。元々の所有者は焼き物の先生で、登りガマがあったのですが、読谷の方に移る前に住宅として使っていたようです。この家は、宜野湾市野嵩からもってきたらしいんです。琉球王朝時代に、首里の役人が中城城に登城するまえの休憩する場所だったということです。ですから、家の造りも一番座と二番座しかなくて、裏座もないんです。戦後、家族が増えてきて台所を伸したのではないかと思います。琉球王朝時代から使われていたことを考えると、宜野湾市から移築する前で、すでに百二、三十年たっていたのではないですか。ここに移して約三十年ちかく経過しているみたいですから、ゆうに百四、五十年はたつ。

クーラーを付けていないのは、経済的に苦しいというのも理由の一つですが、仮に資金的に

御殿山

余裕があったとしてもクーラーは入れなかったと思います。クーラーを入れなくても十分涼しいと思っていますが、やはり暑いですね。それで扇風機をいれています。でもクーラーはない方が開放感がありますよね」

知念氏と赤瓦の民家の出合いが「御殿山」につながった。仮に、どこにでもあるよなコンクリートの建物で、普通の食堂のような形態であれば、わざわざ探してまで行く店になっていただろうか。赤瓦屋根の民家で食べるのは落ち着く。赤瓦屋根の郊外型のそば屋もあるが、どうしてもレストランの域をでない。御殿山は、単なる赤瓦屋根ではなくて柱や部屋に歴史が刻まれているし、たくさんの木々で囲まれている。それはそばの味にも一役かっている。

古い赤瓦屋根の家がどんどんコンクリート住宅にかわっていく。これは都市部に限らず、農村部でもいえることだ。台風の多い沖縄。家の耐久性とか快適性を追求するのならば、どうしてもコンクリート造りの家になってしまう。しかし赤瓦屋根がなくなるのはさびしいし、「御殿山」の赤瓦家と同じように、時代を知りうる歴史的な建造物にはまちがいない。取り壊して産業廃棄物にする前に、移築したり、一部を利用したい人がいればひきとってもらうなど、情報の整備はできないものだろうか。「御殿山」のように、古い民家を利用して店鋪にしたり、あるいは事務所として使う人もいるだろう。

「最初はお客さんが少ないから、友人が口コミで広げてくれました。店の雰囲気の方がいいと評価をうけています。『週刊レキオ』とか地元マスメディアで取り上げられたことが大きかったのではないですか。レキオの取材があったのは、店をオープンして一ヶ月後くらいです。レキオに掲載された一週間はすごい来店客でした。一週間くらいで落ち着いてしまいましたが、それからどんどん口コミでひろがっていきました。今、観光客も夏は多いですね。五割くらいいくかもしれません。どんなそば屋も一年くらいみないとわからないとおもいます。オープンして最初の二、三ヶ月くらいで評価されるのかもしれませんが、『まずかった』とか、『量が少なかった』とか、というのであれば口コミで広がってしまいます」

「御殿山」も味が安定するまで一年かかったという。

考えていなかった、手打ちそば

「『御殿山』をやるときは、麺を手で打ってやるのは考えていませんでした。麺を打つのは自分でできますが、麺工場で自分の理想とする特性の麺を作ってもらおうと考えていました。ところが先輩の土屋さん（琉球居酒屋『うりずん』店主）が、『どうせ、そば屋をするのならば、灰水（あく）から作ったほうがいいのでは』と言うわけです。麺を作る難儀を私は知っていますから、麺から手打ちで作ると儲けにならないということはわかっていました。しかし考え直して、まず自分がやりたいことなら儲けにならないものでもやって、儲けることは後でやろうとおもったわけです。

ふぇー（灰）水をいろいろ研究していまして、ふぇー水を作るには、やんばるのイタジイが本当はいいのですが、那覇近郊ではなかなか手にいれることができません。せめていいなと思ったのが、ガジュマルです。ガジュマルはよく切り倒されていますから、量もでます。それだったら、ふぇー水を作れるということで、現在、ガジュマルで灰を作っています。ふぇー（灰）を作るのは難儀なんですけど、作れるかぎりはやろうと考えています。なぜ、ふぇー水を使うのかというと、ふぇー水のほうが、トータルで風味がいいからなんです。別にふぇー水にこだわっているわけではありません。ふぇー水より、これを使った方がおいしい麺が作れるというのがあれば、迷わずそれを使います。しかし現状で考えられるものは、ふぇー水ですね」

知念氏は、そば作りに精通しているからこそ、麺を手打ちで作る難儀さとコストがかかり採算に見合わないことを理解していた。だから、一定の利益を確保しながらそば屋を運営するには、麺を麺工場に注文して作ってもらおうと当初は考えていたのである。おそらく、先輩のアドバイスがなければ「御殿山」の麺は手打ち麺にはならなかったのだろう。

いろいろなそば屋があってもいい思う。「御殿山」のように、麺からすべて手作りで作るそば屋があったり、麺だけをメーカーに発注したり、麺もスープもメーカーに発注するやり方もある。麺が手打ちでなければいけないということではない。根底には「おいしいそばを食べてもらう」ということがあれば、いろいろ選択していいと思う。しかし、最近は、その基本を忘れ、利益ばかり考え、おいしいそばを提供するという根本を忘れたそば屋も見受けられる。麺もスープもメーカーから提供してもらうことは、けして悪いことでない。それを、いかに活用し、「美味しいそば」を提供するのかが問題である。

雨の日には雨の日の麺がある

知念氏は、おしいしいそばを提供するために、手打ちでそばを打つことにした。

「麺も湿度と加水率は、細かく計算するとわかりますけど、わたしは『細かい計算はするな』と指導しています。毎日同じそばを作ってもしょうがないし、雨の日は雨の日のそばがあるし、晴れた日には晴れた麺があります。湿度とかは気にしないで、自分の勘でやりなさいといっています。雨の日は、空気に中からどんどん水分を吸い込んでますから、百グラムで四十グラムしか水を入れてないのに、五十グラム含んだような感じになり、麺が随分柔らかくなります。

また感覚のばらつきがあるのですが、『それはそれでいいから』といっている。同じ味をだすのが、正しいというものではないと思います。日によって違ってよいと思います。柔らかいのを好む人なら今日のは堅かったとか個人によっても違います。少々のばらつきは気にしなくてもいいのです。

九五％までは、数字で管理できますが、最後の味を決めるのは残りの五％なんです。最後の味加減でおいしい、おいしくないが決まります。そこらへんの調整が慣れてくるとできるようになります。においを嗅ぐだけでもできるようになります。経験を積めば麺の過水率についても、自分の感覚で調整することができます。塩加減を調整するとか。夏場は暑いから、ふぇー水を濃めにしようとか。そこらへんの調整がきくようになります。数字だけで決めてしまうと、臨機応変に直しきれないとおもいます。自分の感覚ですることで、状況に応じて対応できるようになるのです。

スープはカツオ、昆布、ブタ骨だし、赤肉で、脂が凝固したものは取り除いています。泡盛、さとう、みりん、塩、しょうゆで味を整えます。もともとは、沖縄そばのスープはブタくらいで済ませていたのではないかと思います。今は、カツオは当たり前のようにまぜています。豚肉の旨味はイノシン酸と言うのが美味しいわけです。カツオの旨味はグルタミン酸ですよね。グルタミン酸とイノシン酸をまぜた方が味に深みがでてくるのです。また合理的であるわけです。化学調味料を使うと風味がそこなわれるから、当店では使いません。だしをつくる時出てくるラードは取り除いています。ほんとはラードが旨味成分なので、旨味を取り除いているようなものですが、女性が好むようにあっさりさせています。沖縄そばの本来の味ではないといわれるのかもしれません。しかし現代の傾向を意識してヘルシーさ、ぎとぎとの味にしないようにしています」

「御殿山」のそばがあっさりしているのは、ラードを取り除いているからだ。従来の沖縄そばをイメージして食べると何か物足りないものがあるのかもしれないが、うまみのあるあっさり感が女性客には評判がいいのだろう。

「麺は大量に作れないものですから、一杯あたりの麺の量は百八十グラムと少なめにしています。日本そばの場合は、麺の量はだいたい百六十から百七十グラムですから、本土のそばに比べると麺の量は多いわけです。沖縄そばの大となると二、三百グラムくらいなんだけど、当店の麺の量は沖縄そばの小と同じくらいです。女性が食べた時に、じゅーしーとかとれば満腹になる量をかんがえているのです。男性が食べるような『大』も出したいのですが、それだと赤字になるのです。値段を八百円にするわけにはいかないし、販売する量も限られているものですから、百八十グラムというのを先に設定しています。

義姉さんがそばを毎朝打って麺を作っています。一人で打てる限度は八十食分くらいです。土、日曜日は家族連れで来るものですから、百二、三十食分は用意をしています」

手打ちの麺だとどうしても作れる量は限られてくる。知念氏は、毎日、百五十食出れば利益がでるというが、店鋪の規模もあり、現状では無理だという。麺の作れる量がきまっているので、どうしても一日にだすことができるそばの数も限られる。したがって売り切れごめんとなる。早い時は、午後一、二時頃には営業を終わっている。遅くても午後四時ごろには終わってしまう。だが、だからこそ逆に、売り切れる前に食べようという客の心理が働くこともあることは否定できない。「限定品」という付加価値が付いてくるのだ。知念氏がどん欲に儲けようと考えていないから、そういうことができるのかもしれない。欲がないから、なんとか採算に見合う範囲で営業しているのである。

「スープは私の妻が担当しています。麺は姉がして、後はいとこの嫁さんが二人の計四人とアルバイト数名で店を運営しています。午後四時くらいまではやっていますが、二時くらいまでには、営業はほとんどおわっています。二時以降から四時までのお客さんは一割も満たないのです。夜は営業はしません。夜はそばだけでは、もたないからです。でも、そばにバリエーションを持たせることができれば、夜も可能になりますが」

沖縄そばを世界に

知念氏には夢がある。

「そば屋をなぜやろうとおもったのかというと、何ケ所かチェーン店をやりたいとおもっているからです。手打ち麺でやっているのは土屋さんのアドバイスもあったのですが、若い夫婦が三十代の自分達でそば屋をやりたいという人がいるのであれば、こっちから資金を援助して店を立ち上げて仲間を作りたいなという考えがあります。うちなーそばの研究会を作りたいのです。十名くらいで、自分の店をもちながら、それぞれが店の工夫をしながらそばを研究するわけです。

知念ひろし氏

麺の最高水準をいっているのが、イタリアのパスタです。パスタは国をあげて毎年研究されているわけです。常時五、六百くらいの種類あって、毎年何十という新しいパスタがつくりだされています。そうすると良いものが残っていくわけです。乾麺でも保存もきくし、歯ごたえとか調理とかバリエーションもあって、スープにいれたり、オーブンで焼いたり、スパゲティーにしてもいろいろな太さとか、中に入る材料とか、ニンジンいれたりとか、ホウレン草を入れたりとか、サラダにもできる。イタリアのパスタのバリエーションはものすごいわけです。

沖縄そばもそこまでいかなくても、せめて、十分の一くらいのレベルまでできればと思います。イタリアンパスタのすばらしいところを取り入れることはできると思います。そういう研究会みたいなものをしないといけないと思います。年に一回は東南アジアのビーフンを調査に行ったりとか、ヨーロッパ、南米とかでいろいろ研究するわけです。これが、そば屋をはじめた一番の目的です。しかし忙しくてなかなかできないが現実です。呼び掛けはしていないのですが、そば作りについて教えてくれないかという問い合わせは、今でもあります」

沖縄そばの麺を焼そば風にしたことはないだろうか。これは、沖縄のそばの麺がパスタと同じ小麦で出来ているから出来ることである。新しい切り口で、イタリアのように様々な麺をつくり「沖縄パスタ」という新しいカテゴリーを作れば、沖縄の製麺業界も成長するのではないだろうか。

沖縄そばは、今の現状のままである必要はない。様々な形があっていいはずだ。色々な麺があれば、おのずと料理方法も自然と生み出されるはずである。そうすれば「沖縄そばを世界へ」という大きな目標に向かって、沖縄そばの夢が伸びていくかもしれない。

【風の村】

シンプルでナチュラルなクスイムンを

沖縄の薬草と食の店

「風の村」の名前を知ったのが、一九九八年の九月頃であった。

前書「沖縄のオンリーワン企業」（ボーダーインク刊）を取材している最中のことである。取材先の会社の専務から、「おもしろい『食の会社』がある」と紹介されたのが「風の村」である。当時、会社を設立したばかりで、「これから何かをしよう」と準備段階であった。沖縄の食にこだわったユニークな店作りに興味がわいた。

それから約八カ月、テレビの報道番組で「風の村」を見かけた。九九年、五月にオープンした新那覇空港にテナントとして、出店していたのである。こだわった店作りが画面からよくわかる。テレビ局も好意的に紹介していた。さっそく出かけて、どういう店か実際見てみようとおもった。

新しい空港を見学しながら、出店している色々なショップを見てまわった。「風の村」はすぐ見つけられるだろうと思っていたが、空港の建物が大きくフロアも広いので、なかなか探しだせない。見つかりにくいはずである。店舗は出発ロビーフロアの全日空搭乗口近くの隅の方にあり、店舗の坪数が小さい。緑をベースにした店舗の筆書きのロゴマークが入り口にある。間口は狭いが、奥行きがある。狭い店舗の壁面を覆うように商品を埋め作られている。

一番目についたのがラッピングされた薬草である。いく種類もあり、かなりの品数である。竹細工で編まれた、雑貨につかえそうなものを容器に使ったり、様々な素材を使った包装が目を引いた。派手な電飾看板もなく地味で目立たないが、沖縄の薬草やハーブなどを素材を自然志向が感じられ、非常にナチュラル、エコロジーを意識した店作りをしている。

取り扱い商品はだいたい次のようになる。

◎薬草全般　◎アロマテラピー全般　◎薬膳セット　◎ハーブ各種　◎アジアの無農薬スパイス

若い感性が強く感じられる店である。恐らく、初めて来店した地元沖縄の人がみれば、どこかの本土企業の店舗かとおもってしまうだろう。それだけ店舗の雰囲気、商品が、コンセプトマッチにしている。しかし、もちろん沖縄地元の小さな企業である。

「ボディーショップ」に共感して

こんな素敵な店を作ったのが、那覇市にある「風の村」の吉平あき社長である。若干二六歳の若き社長である。吉平社長に「風の村」をどうしてやろうと思ったのか聞いてみた。

「短大を卒業して東京でＯＬをしながら、税理士専門学校に通っていました。東京には資格取得の学校がたくさんあって、本土の若い人たちは自己啓発して自分を高めようとする意識が強いですよね。そんな回りのいろんな人を見ていて、私も将来希望が持てそうな仕事をやりたいと考えていました。たまたま私が住んでいた近くの駅前に『ボディーショップ』があり、毎日通りすがりに店舗をのぞいていました。何も買わなくても、ついつい店に入っていきたくなる店の雰囲気があるのです。環境問題やリサイクルとか、体に良い食品などに興味があるんです。だいたい女性は、ダイエットや肌や髪がきれいになる自然食品や化粧品などに興味を持っていて、ヘルシー志向が強いですよね」

「風の村」は店舗を見てわかるように、シンプルで自然志向が強い店である。それは世界的に有名な化粧品会社「ボディーショップ」のコンセプトに、吉平社長が共鳴したからであった。「風の村」は沖縄の薬草と食をテーマにしていて取り扱う品目は違うが、その背景に流れている環境問題に対する取り組みや自然志向など「ボディーショップ」のシンプルで深い考え方と共通する部分がある。

「ボディーショップ」は、一九七六年イギリスで誕生した、独自に製品を販売する化粧品会社で、世界三十数カ所で六百を超える店舗をかかえる国際的な企業である。スキンケア、ヘアケアなどの商品を自然な原材料と処方で製造している。特徴的な部分は、過剰包装や派手な広告宣伝をおこなわないことにある。

「ボディーショップ」の創業者で社長でもあるアニータ・ロディックは自社のパンフレットにつぎのように「ボディーショップ」を説明している。

「このような成功がつねに人々の好奇心をかきたて、多きの人が『方法』と『理由』を知りたがっています。しかし、答えは簡単です。事実それは、『ボディーショップ』の本来のアイディアと同じようにシンプルなものです。つまり、お客さまがなにを欲しがっているか知り、それを見つけて商品にし、お好きな量を買っていただけるようにする。しかも化粧品業界にありがちな、不必要な高価な包装や宣伝コピーを一切使わずにです。私たちはスキンケア、ヘアケア製品を販売するだけではなく、コミニティ、環境そして化粧品を超えた大きな世界に関心をもつことが重要だと考えました」

環境問題というテーマから、「ボディーショップ」では動物実験の反対運動を展開している。化粧品は通常、動物実験などでテストを行ない安全性を検証するわけだが、「ボディーショップ」はその動物実験をしない。ココアバター、カモマイル、アロエベラ、カオリンなど我々人類が長い歴史の中で使用して安全であることが実証されている自然の原材料を活用しながら、代替試験方法や最新の分析技術により微生物学的にテストしている。また過剰包装や派手な広告・販売プロモーションをしないのは、極めて合理的な考え方に基づいている。要するに高価な自然の原材料を使い製品を作ると販売価格も高くなる。販売やイメージ構築のために過剰包装や広告宣伝に莫大な費用を投じれば、その費用は、商品価格に転嫁しなければならない。しかし過剰包装やセールスプロモーションにお金をかけなければ、その分、安く販売することができるのだ。自然素材を使い過剰包装を避けることにより自然環境にもやさしくできる。

世界の環境問題をテーマに掲げ、動物実験の反対運動をしているので取っ付きにくいようにも感じるが、それがブランドイメージを高める要素になっている。過剰包装や広告費をかけないということも同じような効果を得ている。それが戦略的な意図であるか否かは別にして、極めて高度なマーケティング戦略である。もちろん独自な手法は創設者のアニータ・ロディックの思想・哲学がバックグランドにあるから可能なのだ。

コンセプトを明確にする

「風の村」の吉平社長は、アニータ・ロデックの哲学と企業コンセプトから強い影響を受けて、沖縄の薬草と食をテーマに自然志向、健康志向の社会的なニーズに応えるシンプルでナチュラルな店作りをしている。「風の村」のショップカードには次のように記されている。


沖縄の島に暮らす私たち自身が食べたいもの、使いたいもの、身体や環境に良いものをお土産にもっていってもらいたい。ラッピングはエコロジカルなアジアの雑貨たちに手伝ってもらい、過剰包装をさけました。

沖縄のオジー、オバーの暖かい心とクスイムン（薬膳）の知恵をお届けできるようにこだわりました。どうぞ、お試しください。


その言葉のひとつひとつに、吉平社長の想いのようなものが感じられる。吉平社長が「風の村」で実現したいことである。

「自分たちがやりたいことができたらいいなと思って、そのために『風の村』を作ったのです。会社を設立して、二年目に入りました。たまたま運がよくて空港に店を出せることになりました。那覇空港は、年間一千人以上が利用する、県内でも特に立地条件がいいところです。

九九年五月二六日に空港店がオープンしました。会社を設立したのが九八年一月一六日です。会社設立から実際に店舗でのスタートまで一年ちょっとですね。出来たばかりの小さな会社組織なので、何から何までやらないといけませんので大変です。

月桃スプレーや風の村オリジナルのアロマテラピーも評判がいいですね。沖縄らしいネーミングで、例えば『うりずん、花風、うみないび』とかです。これも力をいれていきたい分野です。何しろイギリスに特注して作ってもらっているわけですから。

本土の人からみれば、沖縄の商品は何から何まで体に良さそうと思うらしいんです。海洋深層水も日焼け後やアトピーに良いということで、観光客の女性の方々がまとめて買われます。通販でもリピーターがきています。また、沖縄らしいスパイス類（コーレーグス）も人気です」

現在、商品アイテムが二百五十種類くらいあるが、オープンしてまもないので、まだまだ売れ方が見えてこない。オープン当初、隣の店舗がお客さんでいっぱいなのに「風の村」にはあまり入ってこない。「どうして」と考え込む日が続いた。あまりにも専門店過ぎてお客さんに受け入れられないのか。あせるあまり、一般の土産品店で売られているような土産菓子を置いて来店客を増やそうと考えた。実際土産菓子を店舗に置いてみたが、やはり思い直してお菓子は撤去した。普通の土産品店とは違う健康志向、自然志向の店をめざす薬草と食の店をコンセプトにしているが、売り上げが伸びないので、ついつい売れる商品を置いてしまうのは理解できないことではない。しかし、長い目で見れば、店舗のイメージダウンにつながる。どこにでも置いてある土産品は、確かにそこそこ売れるが、どこにも置いている商品だけに、その店舗を探してわざわざ行かない。売上げは伸びるのも早いが落ちるのも早い。店舗が陳腐化するのの早いのである。

その店だけにしかない商品ならば、お客さんはわざわざ店舗にやってくるものである。専門店は、お客さんに認知されるまでは売り上げが伸びるのは遅いが、強力な固定客がついてくる。一年くらいは苦しいかもしれないが、五年後、十年後を考えれば、商品を絞り特化することが店舗としての顔を作ることにつながる。

「風の村」は、沖縄の薬草と食をテーマに健康志向、自然志向の社会ニーズに応えながら、過剰包装をさけ、環境にも配慮した商品づくりや店舗展開をしている。新しいコンセプトショップなので、受けいられるまでは時間がかかる。どうしても既存店舗に引き摺られやすいので、目標を見失わない強い理念が必要となる。コンセプトを明確にしなければならない。環境問題について具現化するには既存の商売の枠を超え、社会にどう語りかけていけるかが、今後の「風の村」の課題となる。

「風の村」空港店

「いままでと違う感じの店なので、沖縄の会社と思われていなかったみたいです。本土企業のフランチャイズと思われていました。『空港だけなんですか』『ここだけなんですか』とお客さんからよく聞かれます。『どこで手にはいりますか』というお客さんが多いですね。

いろいろ商品を置こうということも考えたのですが、店舗がオープンしてまだ三カ月もたっていないし、ごちゃごちゃお菓子など置くのはちょっと待ってと考えたわけです。自分たちがはじめに考えていたことをしようと。自分たちのポリシーでやっていると、やはり徐々にわかってくれる人たちが増えてきています。あせらず一歩一歩ですね」

試行錯誤しながらも、沖縄で培われた薬草と食という文化を本土の人にも伝えたいという切なる願いは、少しずつではあるが広がりはじめていると、吉平社長は手ごたえを感じている。まだ、小さな源流なのかもしれないが、それはいつか大きな河となる予感を感じさせるものである。

「ある著名な琉球料理の先生が『風の村』に協賛してくださり、『沖縄の食文化に誇りをもって息の長い本物の店作りをしてほしい』とあたたかいエールを送ってくださいました。ちなみに、その先生手作りの豆腐ようは先生のお店と『風の村』以外では手にいれることはできません。また、エコロジーなライフスタイルを提案し、実際にその活動をしているグループのネットワークで一緒に最近、那覇市久茂地にエコショップをオープンしました。そこもユニークなショップスタイルで、毎日の生活に取り入れられ、しかも、オシャレで優しいエコグッズや体に良い食材などをおいたところ、大変評判がよく順調な滑り出しをしていています。

このようにそこに住む人間を含めた沖縄の宝物を再認識して、大事にしていきたい人々が集まって、豊かな自然環境や美しい海に囲まれた長寿の島のイメージをより確かなものにしようとする動きがあることも『風の村』にとっては心強いかぎりです」

沖縄の素材を大事にしたい人達が応援してくれはじめていると、吉平社長の母親で専務の吉平勝子さんは、地元の声援に意を強くしている。

市場のおばちゃんは先生

「風の村」が商品開発で気をつけているのは、シンプルでナチュラル、エコロジーな商品である。沖縄の先人達が残してくれた食文化を独自の切り口で、お客さんにプレゼンテーションしなければならない。

「那覇の公設市場でおばちゃんといっしょに、一カ月くらい売り子として働いていました。市場にはヒントがたくさんあります。自分たちが気がつかないだけで、色々なヒントが公設市場に隠されています。そこで売られている沖縄の商品もそうですが、明るく屈託のない元気なおばちゃんたちの売り方はとても参考になります。一緒にいると同じ仲間という連帯感がでてきます。その日売り上げが悪かったら、ちょっと買ってあげようとか。おばあちゃんと話をするだけで違うんですね。業界の人たちの話も参考になりますけど、市場のおばちゃんは、何十年も先輩じゃないですか。先輩から教わることがいっぱいあります。おばあちゃんたちは、若い新しい風が欲しいということで、ずっと居てほしいと歓迎されています」

吉平あき社長は、公設市場が好きで今でも行きたいというが、忙しいのでお預けだという。

公設市場やマチヤグヮーには様々な沖縄の食材が並ぶ。食材もユニークであるが、おばちゃん達が元気だ。どこからともなく声をかけてくる。もちろん向こうも商売だが、そのパワフルで屈託のない笑顔に、ついペースに乗せられてしまう。こっちも冗談を言ったり会話がはずんでくる。市場の商品は決して安くはない。しかし、おばちゃんとの会話のキャッチボールが、人を魅了するスパイスになっている。

最近、町の八百屋さんが増えている。野菜や果物ならスーパーマーケットにもある。今なぜ八百屋さんが増えているのか。お客と店員が直接顔を合わせやりとりができるからではないだろうか。お客さんは店員と顔見知りになり、いろいろ情報を仕入れたり、店で取り扱っていない野菜をリクエストしたりと融通がきく。店はお客さんとの何気ない会話から、仕入れに活かすことができる。お客さんとのつながりが八百屋の命ともいえる。

スーパーマーケットは、効率を重視する。いちいちお客さんと会話をしていたら仕事にならない。極端にいえば店員はお客さんの顔を覚えなくてもいいし、自分の顔や名前を覚えてもらわなくても商売はできる。逆に、八百屋では店員や店主は、お客さんの顔や名前を覚えなくてはいけないし、自分の顔や名前を覚えてもらわないと商売にならない。

八百屋では、一人の顧客として扱ってもらえる。それが店に対する信頼につながり、ストア・ロイヤルティーができるのである。だから、消費者がわざわざ八百屋に行くのであり、八百屋が流行るのだ。公設市場と八百屋は、「顔が見える商売」をしているのである。

本土のテレビ取材でも沖縄を紹介するとき、那覇の公設市場がよく登場してくる。市場の食材が沖縄を語りかけてくるのだろう。食材もそうだが、おばちゃんのたくましく働く姿やざっくばらんな接客は、沖縄のおおらかさが感じられる場所でもある。観光客も公設市場やマチヤグヮーにどんどん入っていく。肉屋さんには豚の顔や足があったり、魚屋には、色とりどりの熱帯魚が並んでいる。本土の人から見れば、もう東南アジアのどこかの国だろうと思ってしまう。強烈な沖縄が市場やマチヤグヮーにあるのだ。観光客が公設市場マチヤグヮーに行くのも、そこに沖縄の文化が詰め込まれていることを知っているからだ。

十年以上前、バブル絶頂期までなら、このようなアジア的な感覚は粗悪というイメージがあった。しかし、バブル崩壊後、健康ブームや環境問題もあり、健康志向、自然志向、安全志向が社会的なニーズが高まり、逆に朴訥なアジア的なものが受けいられる素地ができたのである。独特な歴史や文化をもち、中国から影響受けた医食同源の沖縄の食文化は、本土からみれば異国情緒と合わさり、非常に魅力的に見えるのだろう。

独自の切り口

沖縄の薬草や食品を販売する会社はある。作ったものを売るだけなら、わざわざ「風の村」から買わなくてもいいだろう。観光土産品店でも、薬草や食品を販売しているところはある。そこに「風の村」のテイストがなければならない。

「ラッピングも評判がいいんです。一番気をつけているのが過剰包装しないことです。包装材料なども再利用できるように工夫しています。包装の仕方でずいぶんイメージが変わるからです。品揃えは大変苦労しました。毎日、どういう商品を売ったら売上げがあげられるようになるか、日々考えています。夢の中にもでてくるんです。ラッピングする自分が。

常にお客さんに語りかけるように、きめ細やかな気配りをすることが大切だと考えています。通販で注文するお客さんにも商品といっしょに手紙を添えて送っています。

琉球料理に精通しているスタッフがいるので商品開発を考えています。一番の目標は、『風の村』だけのオリジナル商品。たくさんアイディアがあるんですが、商品化するのには時間もお金もかかります。自分たちのオリジナル商品を作って、いいものをどんどん売っていきたい」

現在は、既存商品を店舗のコンセプトにあわせ、ラッピングを変えている。それが好評なのだ。たかがラッピングといっても、センスがなければ誰も買わない。普通の包装は破り捨てられるが、「風の村」のアジアっぽい包装は取って置きたくなるものを使っている。

今後は、薬草と食の専門店として品揃えを広げ掘り下げる必要があるだろう。吉平氏が言うようにオリジナル商品開発には、時間と費用がかかる。注目されている沖縄の食材であるが、今後は調理方法や食材を使い方を広めるかが大きな鍵になる。

例えば、ヨモギは、本土でもクサモチの材料には使われている。しかし、日常の食卓ではあまり料理としては使われない。沖縄では、フーチバージューシーやヨモギ天ぷらのように日常の食材として活躍している。昆布も北海道で取れるが、消費量は沖縄が日本一である。本土ではダシをとる時に使われるくらいで、昆布自体を食べるという習慣がない。沖縄では昆布イリチャー、足ティビチやソーキなどの様々な調理方法がある。沖縄大好きの本土の友人に「ヘチマはおいしい」「青いパパイヤを炒めて食べる」と言ったら変な顔をされた。ヘチマは本土では身体を洗うときに使う道具というイメージが強い。それを食べるという感覚が理解できないのだろう。本土ではパパイヤはあくまでもフルーツであり、デザートである。その友人にナーベーラーンブシーと青パパイヤをすって炒めて食させると「おいしい」と感嘆し、ヘチマや青パパイヤが食べられることに驚いていた。

ヨモギ、昆布、ヘチマも本土にある食材である。しかし、本土ではその料理方法を知らないので、日常の食卓にのぼることがない。その食材は、それぞれ栄養価が高く健康にも良いものである。沖縄の医食同源は、日常にある食材をいかに料理しておいしく食べるかということからきている。昔の人はフーチバー（ヨモギ）、ニガナ（ホソバワダン）、カンダンバー（ヤエヤマカズラ)、ハンダマ(スイゼンジナ)、ンスナバー(フダンソウ)などが、どれだけ栄養分があるのか分からなかった。しかし経験から、効用をつかんだのだろう。自然塩、コーレーグス(泡盛に漬け込んだ唐辛子調味料)、ピパーツ(八重山コショウ)などの独特と調味料は多い。

風を味方にして

「まだ先が読めない状態です。これからですね。薬草専門店ですので、薬草の種類をもっともっと品揃えして、なかなか手に入らない薬草など置いていきたいと思っています。商品をいろいろ試してみて、品揃えを変えていきます。やっと品揃えも落ちついてきました。

空港の店舗は一日二十万、月三百万円くらいが目標。外商をもっと力をいれていきたいです。現在インターネットでやっていってますが、なんとか出来そうです。空港は儲けがでなくても、何でも売れる場所ですね。その辺はすごいとおもいます。

今後は、いかに外商機能を高めるのかが課題です。卸しとかは出来そうなんです。インターネットでホームページの開設し工夫すれば、通販で販売が広がると思います」

オリジナル商品の開発もやらなければいけないが、会社の運営展開も考える必要がある。企業規模が小さいため、店舗展開を図ることは難しい。店舗を出してまだ数ヶ月なので、データを拾いながらじっくり腰を据え、取り組むことが大切だ。店舗と平行しながら販売を広げるためには通販も必要だ。ショップで買ってもらい通販でつなげることで本土の顧客を固定客にできる。通信販売の良い点は、店舗のようなランニングコストがいらないことだ。しかし、そのためにも、店舗の充実、レベルアップは必要である。

既存店にも薬草や沖縄の食品を売る店はある。「風の村」が出来て、真似る店も出てくるだろう。真似れないレベルにもっていくことが必要がある。それは、「ボディーショップ」のアニータ・ロディックのように経営哲学を高い次元まで昇華させることだ。沖縄の薬草、食文化というソフトな部分を商品、店舗、スタッフに注ぎ込むことができるかにかかっている。そのような経営に哲学がなければ、すぐ真似られ、だめになるだろう。

宮平あき社長（左）吉平勝子専務

「スタッフの皆はとても熱心なんです。平均二四、五歳で、一人は奈良県からきています。プラザハウス店に二人、空港店は三、四人で、ヘルプが一人入ります。基本的には三人です。空港で一番小さな店舗なので、目立つためには、こだわりの店として他の店と違った特徴を出していかなければいけません。私達のオリジナルという感じで。スタッフはもともと『風の村』が好きで、商品が好きで、こっちで働きたいという人達なんです。商品知識も一生懸命勉強して、研修をしたり、常にお客さんとコミュニケーションを図りどうやって売っていけばいいのか考えています。ウコンにしても、臭みがあって飲み難くてというのがありますから、どうやったら飲みやすいか情報を提供しています。食材も『こうやったら料理に使えますよ』とか。そういう情報を提供すると意識も変わると思うんですよね。なんでも勉強するように心がけています。ヨモギの葉っぱでもお風呂に浮かべるだけで、肌のよわいアトピーの人とかにいいんです。マニュアル通りでなくてもいいんです」

若い吉平あき社長と若いスタッフ。出来たばかりの小さな「風の村」であるけれど、試みは、湖面に投げ入れた小さな石の同心円に広がる波のように静かだが、確実に浸透している。

社名「風の村」は同社専務の吉平勝子氏がつけたと言う。

「北欧に風力発電を利用したエコビレッジがあるそうです。そこに私がイメージする風景があったので、会社の名前を『風の村』にしたのです」

「風の村」は風にのって渡るサシバのように、大きく翼を広げ、沖縄の豊かな自然と歴史が培った沖縄の食文化を本土に届けるようとしている。

風に逆らっても前に進めない。

風は、風を知っているものに味方するのだから。

あとがき

「元気が出る」

「自分も何かできそう」

「こういう本はありそうで、なかったんですよね」

沖縄の独自性のある企業を取材し書き下ろした「沖縄のオンリーワン企業」は、予想以上に反響が大きく、マスメディアにもしばしば紹介された。

「沖縄のオンリーワン企業」で紹介されたことがきっかけで新規取り引きに繋がったり、企業に対する理解が高まったことを関係者から聞き、少しは貢献できたのではないかと自負している。うれしかったのは、二十代の若い方が読んでいるということだ。若い世代が「沖縄のオンリーワン企業」から何かしら感じ、沖縄に自信も持ち、自分を信じ、何かを成し、世の中に貢献していただければ幸いである。

出版直後、様々な方面から「沖縄のオンリーワン企業」第二弾の出版も要望があったが、一つの本を書くには時間と労力は半端ではない。当初は第二弾の出版は考えていなかったが、第一弾で紹介できなかった企業もあったことと、小さくても特徴のある企業が沖縄にはまだ沢山あるということで、今回乗りかかった舟で「沖縄のオンリーワン企業」の第二弾を出版することになったのである。

第一弾、第二弾の取材を通して分かったのは、小粒でパンチのある企業は、ここ五、六年に創業しているということ。全国でもベンチャー企業が注目されているが、沖縄はもともとベンチャー企業を生みやすい素地がある。ただ企業体として完成度の高いレベルのベンチャー企業は少ない。まだまだアイディアレベルの企業が多いものの、これからの産業として注目されるバイオ、マルチメディア関連企業も増えてきている。これからもっと特徴のある企業が出てくるのではと期待している。

なぜ、独自性のある小さな企業に着目するのかというと、こうした企業こそが沖縄振興を支える基盤になるからだ。不景気の中にある日本だが、独自性がこれからの生き残るキーワードになる。また沖縄は本土とは違う独自の歴史、文化などがある。経済だけではなく文化面などあらゆる面で沖縄の地域的な特性は有利に作用する。それを生かせるチャンスが今なのだ。不況だが沖縄の置かれた状況は決して悪くはない。ニッチマーケットにこだわれば、「沖縄」は売れるのである。

沖縄は大企業が生まれにくい。これまでは小さな企業から脱却し、大企業となるのが県や経済界の夢であったのかもしれないが、今は重厚長大の時代ではない。大きな工場があり、大量な雇用が生まれるというようなこれまでの第二次産業のイメージは捨てた方がいいだろう。本土や海外から大企業誘致や資本を導入し、第二次産業の大規模工場群を県内で形成するのは、沖縄にはそぐわないのではないか。

沖縄の企業のほとんどが小さな企業である。それは見方をかえればアウトソーシングのベースが沖縄にはあるともいえる。今、注目されているアウトソーシング（外部委託）は、「餅は餅屋」にまかせて、コアビジネスに経営資源を集中させる経営手法だ。アウトソーシングの利点は、リスクを負わずに短期間にレベルの高い仕事ができ、企業を急速に拡大できるということだ。もちろん、アウトソーシングするためには、自社に他社に負けない独自性がなければならない。コアの部分が弱いと他社に簡単にまねられる。特徴ある小さい企業同士がどんどんアウトソーシングしていけば大きな仕事ができる。

小さくても特定の分野で特化し、独自の技術・サービスがあれば世界的な企業になれる。沖縄はそういう環境のベースがあるのだ。そのためには、沖縄の企業が沖縄の特性に気がつくことである。灯台もと暗しで、案外地元企業は沖縄の独自性に気がついていない。逆に、本土企業のほうが、沖縄の独自性に着目しどん欲に利用している。

小さいが独自性のある企業がどんどんできる環境を作らないといけない。小さな点が集めれば大きな面になる。特徴ある小さい企業が増えることで大きな産業に育つ。沖縄の振興は本土大手企業の誘致も必要だが、やはり小さな地元企業の成長があってはじめて本当の沖縄振興につながるのではないだろうか。小さな特徴のある企業の育成が沖縄の産業の活性化につながっていく。「大企業による大きな雇用」より、沢山な独自性のある「小さな企業の大きな雇用」の方が沖縄の地にあっているし、これからの時代に合ったやり方だと思う。

「オンリーワン」という言葉が巷でもよく使われるようになった。だが「オンリーワン」そのものが重要ではない。「オンリーワン」の背景にある哲学を汲み取ることが重要なのである。「日本の片隅の沖縄の小さな企業だから通用しない」という発想はもう通用しない。企業の有名無名や大きい小さいではない。ましてや地理的な問題でもないのだ。大切なのは自分の物差を持ち、足下を掘り下げ、独自の哲学をもつということだ。そうした意識下で「オンリーワン」という言葉が沖縄で良く使われ、沖縄に定着し、「オンリーワン」が似合う企業が沢山出てきてほしい。そのためにも「ニッチマーケット」にこだわってほしいのである。

しかし「オンリーワン」のレベルが低いのであれば使う意味は無い。沖縄の企業のなかにはアイディアレベルで「オンリーワン」と悦に入っている企業も多いが、経営者のマスターベーションに過ぎない場合も多く見受けられる。常に高いレベルを意識してこそ「オンリーワン企業」と呼ばれるに相応しい。世界のホンダに育て上げた本田宗一郎は、町工場時代から世界に目を向けていた。高い理念がなければ世界に通用するような独自性は生まれない。それは特別なことではない。普通のことなのだ。人は常に進化していく。同じように企業も進化していくのである。普通のことが難しいのが世の中である。沖縄の地の利を活かし、戦略をもちながら突き進むことが「沖縄のオンリーワン企業」になれる道なのだ。

第一弾、第二弾で取材した「沖縄のオンリーワン企業」の中には、世界で通用する企業も出てくるだろう。その期待を込めながら、これからも沖縄で活動するユニークな企業を定点観測していきたい。

なお本書出版に当たり御協力いただいた企業の関係者の方々には、貴重な時間をさいてお話をしていただき、心から感謝いたします。また、第二弾の出版を快く引き受けていただいた、ボーダーインクの宮城正勝社長、新城和博編集長にも感謝申し上げます。

二〇〇〇年三月　伊敷　豊

著者プロフィール

伊敷　豊（いしき・ゆたか）

一九六三年、沖縄県糸満市に生まれる。
県内の広告代理店にて広告制作、ショッピングセンター、
ファーストフードチェーンで企画にたずさわってきた。
現在、フリーのプランナー、グラフィックデザイナー。
著書「沖縄のオンリーワン企業」（ボーダーインク）
連絡先／TEL.070-5413-5244

ニッチ・マーケット発見！
沖縄のオンリーワン企業②

2000年4月15日　第一刷発行
著　者　伊敷　豊

発行者　宮城正勝
発行所　（有）ボーダーインク
〒902-0076　沖縄島那覇市与儀２２６－３
電話 098-835-2777　Fax 098-835-2840
印刷所　アドヴァンス・アベニア